22 Estrategias de Marketing Dental:

Impulsa tu Clínica con Inteligencia Artificial

Claudio Montes

Bienvenida

Mi nombre es Claudio Montes, y me complace darte la bienvenida a este libro dedicado a explorar estrategias efectivas de marketing dental. Soy diseñador gráfico de profesión con más de 20 años de experiencia en el mundo digital y el desarrollo de sitios web. He tenido el privilegio de participar en la transformación y evolución de los medios tradicionales y los negocios en general hacia el mundo online a lo largo de estos años.

Mi viaje en el mundo del Internet me ha llevado a especializarme en un campo particularmente apasionante y desafiante: el marketing digital, especialmente enfocado en clínicas dentales. Durante más de cuatro años, he estado dedicado a entender las complejidades y las oportunidades únicas que ofrece este nicho específico. He trabajado con clínicas dentales de todo tipo y tamaño, desde pequeños consultorios hasta clínicas con sucursales en distintas ciudades.

A lo largo de esta experiencia, he aprendido la importancia de adaptar estrategias efectivas a las necesidades y desafíos únicos de las clínicas dentales. Por eso, he dedicado estos años a perfeccionar estas estrategias, y ahora quiero compartir ese conocimiento contigo.

Este libro está diseñado para servir como una guía integral que te ayudará a navegar por el emocionante mundo del marketing dental.

Permíteme compartir contigo las estrategias y conocimientos que te ayudarán a impulsar tu clínica dental hacia el éxito.

Índice

Introducción

Bienvenido a mi libro de estrategias efectivas de Marketing Dental. Este libro es una guía completa diseñada para ayudarte a sobresalir en el competitivo mundo de la atención dental, utilizando estrategias probadas de marketing, y lo más emocionante y candente, la inteligencia artificial (IA).

La odontología es una profesión noble, centrada en mejorar la salud y la calidad de vida de las personas, pero también es un campo altamente competitivo. Ya sea que dirijas una clínica dental independiente o seas parte de una red más grande, el éxito de esta práctica depende en gran medida de la capacidad para atraer nuevos pacientes, retenerlos y fidelizarlos. En un mundo digital en constante cambio, dominar las técnicas de marketing es esencial para destacar y prosperar.

La buena noticia es que el marketing dental ha evolucionado significativamente en los últimos años. En la era de la información y la tecnología, las oportunidades para promocionar tu clínica y llegar a nuevos pacientes son más accesibles que nunca. Y, en este libro exploraremos un elemento adicional que ha revolucionado el marketing dental: la Inteligencia Artificial.

La inteligencia artificial no solo está transformando la atención médica en general, sino que también está teniendo un impacto significativo en la industria dental. Desde la personalización de campañas de marketing hasta la automatización de tareas administrativas, la IA está cambiando la forma en que los profesionales dentales se conectan con los pacientes y gestionan sus prácticas. A medida que avanzemos en este libro, verás cómo puedes aprovechar la IA para impulsar tu clínica hacia el éxito.

Antes de sumergirnos en las estrategias de marketing y la IA, quiero compartir una historia contigo. Imagina a un joven dentista que acaba de abrir su propia clínica dental. Está emocionado y lleno de pasión por su trabajo, pero también se da cuenta de que enfrenta desafíos importantes. La competencia es feroz, y tiene un presupuesto de marketing limitado. A medida que pasa el tiempo, el joven dentista se da cuenta de que necesita más que solo habilidades clínicas excepcionales para que su clínica prospere. Necesita estrategias.

Este libro es una respuesta a esa necesidad. A lo largo de estas páginas, te llevaré a un viaje a través de 22 estrategias de marketing dental efectivas, diseñadas para atraer nuevos pacientes, retener a los existentes y construir una marca sólida para tu clínica dental. Ya sea que seas un recién llegado al mundo del marketing o alguien que ya ha incursionado en alguna iniciativa de marketing, encontrarás consejos prácticos y estrategias innovadoras que puedes aplicar para lograr resultados concretos.

¿Por qué Marketing Dental?

Puede que te estés preguntando por qué el marketing dental es tan crucial en primer lugar. Después de todo, ¿no debería bastar con brindar un excelente servicio y cuidado dental? Si bien la calidad de la atención es, sin duda, un factor determinante para el éxito a largo plazo, el marketing es la clave para llevar a los pacientes a tu puerta en primera instancia. Cuando inauguras una clínica o centro dental, nadie llegará a tu consulta si nadie sabe que estás ahí.

En estos tiempos de revolución y expansión digital e informática, la mayoría de las personas buscan servicios médicos en línea antes de tomar decisiones importantes de atención. Esto incluye la búsqueda de un dentista. Si tu clínica no se encuentra en línea o no tiene una presencia digital convincente, es probable que los pacientes potenciales no te encuentren. El marketing dental efectivo te ayuda a ser visible y atractivo para esos pacientes potenciales.

Además, el marketing no se trata solo de atraer nuevos pacientes; también se trata de mantener a los pacientes existentes y fomentar relaciones duraderas con ellos. El marketing dental te brinda las herramientas para comunicarte con tus pacientes, educarlos sobre la importancia de la atención dental continua y mantenerlos comprometidos con tu clínica.

El poder de la Inteligencia Artificial

A medida que avancemos en el libro, también exploraremos una de las tendencias más emocionantes y disruptivas en el marketing dental: la Inteligencia Artificial (IA). La IA está transformando la forma en que las clínicas dentales interactúan con los pacientes y gestionan sus operaciones diarias. Desde chatbots que pueden responder a las preguntas más frecuentes de los pacientes, hasta herramientas de análisis avanzadas que ayudan a optimizar las estrategias de marketing, la IA está abriendo nuevas oportunidades para mejorar la eficiencia y la efectividad en el mundo dental.

La IA también permite una personalización más profunda en las estrategias de marketing. Con el análisis de datos y el aprendizaje automático, puedes adaptar tus mensajes y ofertas para satisfacer las necesidades específicas de cada paciente. Esto no solo aumenta la efectividad de tus campañas, sino que también crea una experiencia más atractiva y relevante para tus pacientes. Una de las herramientas más utilizadas de Inteligencia Artificial y que utilizaremos a lo largo de este libro es Chat GPT.

¿Qué es Chat GPT?

En la era digital actual, la tecnología avanza a pasos agigantados, y con ella, surgen innovaciones que transforman la manera en que hacemos negocios, nos comunicamos y brindamos servicios de atención médica, incluyendo la odontología. Una de estas innovaciones que ha revolucionado el mundo de la comunicación y el marketing es la inteligencia artificial, y en particular, GPT-3, un modelo de procesamiento de lenguaje natural creado por OpenAI.

El surgimiento de Chat GPT

GPT-3, o Generative Pre-trained Transformer 3, es una de las creaciones más notables en el campo de la inteligencia artificial. Desarrollado por OpenAI, GPT-3 es un modelo de lenguaje que se entrena en una vasta cantidad de datos textuales de Internet, lo que le permite comprender y generar texto de manera sorprendentemente coherente y contextual. Chat GPT es una aplicación específica de este modelo que permite la conversación y la generación de texto en lenguaje natural.

La historia de GPT-3 y su evolución se basa en décadas de investigación en el campo de la inteligencia artificial. A medida que los algoritmos y las capacidades de procesamiento de lenguaje natural han mejorado, GPT-3 ha emergido como una de las creaciones más avanzadas y versátiles en su categoría. Su capacidad para entender el contexto, responder preguntas y generar texto coherente ha despertado un gran interés en diversas industrias.

La revolución de Chat GPT

La verdadera revolución de Chat GPT radica en su capacidad para interactuar de manera casi humana con las personas. A medida que la inteligencia artificial se integra en más aspectos de nuestras vidas, desde asistentes virtuales hasta chatbots en sitios web, Chat GPT se destaca como una herramienta versátil que puede transformar la forma en que las empresas se relacionan con sus clientes y pacientes.

En el ámbito de la odontología y la atención médica en general, Chat GPT está redefiniendo la generación de contenido relevante y la comunicación con los pacientes con respuestas rápidas fluidas y coherentes y programando citas las 24 horas del día, los 7 días de la semana.

Chat GPT en el mundo de las Clínicas Dentales

Entonces, ¿cómo puede Chat GPT ayudar a aumentar la base de pacientes de una clínica dental? La respuesta está en su capacidad para mejorar la experiencia del paciente y brindar un servicio excepcional. Aquí hay algunas formas en que Chat GPT puede ser invaluable para tu clínica dental:

1. Atención al cliente 24/7

Chat GPT está disponible las 24 horas del día, los 7 días de la semana. Esto significa que los pacientes pueden obtener respuestas a sus preguntas en cualquier momento, incluso fuera del horario de atención de la clínica. Esto demuestra un compromiso con el servicio y la comodidad del paciente.

2. Respuestas rápidas y precisas

Chat GPT está diseñado para comprender y responder preguntas de manera precisa y eficiente. Puede proporcionar información sobre servicios dentales, seguros, procedimientos y más, lo que ayuda a los pacientes a tomar decisiones informadas.

3. Programación de citas simplificada

Chat GPT puede integrarse con sistemas de programación de citas en línea, lo que facilita que los pacientes programen sus citas sin tener que llamar o enviar correos electrónicos. Esto mejora la eficiencia y la accesibilidad.

4. Educación y compromiso

Puedes utilizar Chat GPT para brindar a los pacientes consejos de cuidado dental, información sobre procedimientos y recordatorios de citas. Esto no solo educa a los pacientes, sino que también fomenta una mayor participación en su salud bucal.

5. Ayuda en estrategias de Marketing

Chat GPT puede contribuir significativamente a las estrategias de marketing de tu clínica dental y ayudar a convertir visitantes en pacientes. Esto mejora la eficacia de tu presencia en línea y puede aumentar la conversión de visitantes en pacientes.

El futuro de la Odontología con Chat GPT

A medida que la inteligencia artificial continúa evolucionando, el papel de Chat GPT en el marketing y la atención dental seguirá creciendo. La capacidad de Chat GPT para adaptarse y aprender de las interacciones con los pacientes significa que puede personalizar aún más las respuestas y ofrecer un servicio aún más excepcional con el tiempo.

En este libro, exploraremos cómo puedes integrar eficazmente Chat GPT en tu clínica dental para mejorar la comunicación, aumentar la satisfacción del paciente, impulsar estrategias de marketing efectivas y, aumentar la base de pacientes de tu clínica. A medida que avanzamos en esta emocionante era de la tecnología, Chat GPT se erige como un aliado valioso en el éxito de tu clínica dental.

Chat GPT

Para comenzar a interactuar con Chat GPT, debes entrar al siguiente sitio y crear una cuenta en:

https://chat.openai.com/

Te recomiendo que vayas creando distintos Chat, dependiendo de lo que quieras preguntar, ya cada chat servirá como contexto para seguir haciendo preguntas en base al mismo tema. Las preguntas o instrucciones que se le hacen a Chat GPT se conocen técnicamente como **prompt** o **comando**.

Para que las respuestas de Chat GPT sean más precisas puedes decirle que tome un rol específico.

Por ejemplo:

"Actúa como un experto redactor de contenido y crea una publicación para Facebook acerca del correcto cepillado de dientes."

También puedes darle más contexto a tus preguntas, y las respuestas que obtengas serán más certeras a la realidad de tu clínica.

Por ejemplo:

"Soy dueño de una clínica dental en un barrio comercial de Santiago de Chile, mis principales pacientes son oficinistas entre 30 a 45 años que trabajan en el sector y mis principales tratamientos son blanqueamientos dentales y endodoncias. Dame 3 ideas de cómo aumentar mis pacientes por Instagram."

Ahora sí, comencemos con las estrategias.

1. Optimización del sitio Web

En la era digital, un sitio web eficaz es una de las herramientas más valiosas para cualquier clínica dental. Tu sitio web es a menudo la primera impresión que los pacientes potenciales tienen de tu servicio, y también puede ser una fuente continua de pacientes y referencias.

La importancia de un sitio Web optimizado

Imagina a un paciente potencial que busca un dentista en línea. ¿Qué sucede si su sitio web no aparece en los resultados de búsqueda? O peor aún, ¿qué pasa si el sitio web es difícil de navegar, lento para cargar o no es compatible con dispositivos móviles? En muchos casos, el paciente simplemente pasará a la siguiente opción en la lista de búsqueda. Es por eso que la optimización del sitio web es esencial.

Facilita que los pacientes te encuentren

La optimización de motores de búsqueda, o SEO, es una práctica clave para asegurarte de que tu sitio web sea visible en los motores de búsqueda como Google. Cuando tu sitio web se clasifica bien en los resultados de búsqueda, aumenta la probabilidad de que los pacientes potenciales te encuentren cuando buscan servicios dentales en tu área.

Experiencia del usuario

Un sitio web optimizado no solo se trata de ser visible; también se trata de proporcionar una excelente experiencia al usuario. Los pacientes quieren encontrar la información que necesitan de manera rápida y sencilla. Si tu sitio web es fácil de navegar, carga rápidamente y tiene un diseño receptivo para dispositivos móviles, estás un paso más cerca de convertir a los visitantes en nuevos pacientes.

Construye credibilidad

Un sitio web profesional y bien organizado crea una sensación de credibilidad y confianza en los pacientes potenciales. Cuando los visitantes encuentran un sitio web bien construido y actualizado, es más probable que confíen en tu clínica dental y se sientan cómodos programando una cita.

Claves para optimizar tu sitio Web Dental

Ahora que hemos establecido la importancia de la optimización del sitio web, es hora de explorar cómo hacerlo de manera efectiva. Aquí hay algunas claves esenciales para asegurarte de que tu sitio web esté en su mejor forma:

1. Diseño atractivo y profesional

Un diseño atractivo y profesional es la primera impresión que los visitantes tendrán de tu clínica dental. Asegúrate que el diseño de tu sitio sea limpio, organizado y representativo de tu marca. Los colores, las fuentes y las imágenes deben ser coherentes con la identidad de tu clínica.

2. Contenido relevante y de calidad

El contenido de tu sitio web es fundamental. Debe ser informativo y relevante para los pacientes. Esto incluye descripciones de tus servicios, biografías del equipo, información de contacto y contenido educativo sobre salud bucal. Además, actualiza regularmente tu blog o sección de noticias con artículos útiles.

3. Optimización para dispositivos móviles

Con un número cada vez mayor de personas que acceden a Internet desde dispositivos móviles, es crucial que tu sitio web sea compatible con smartphones y tabletas. Un diseño adaptable garantiza que tu sitio se vea y funcione bien en todas las pantallas.

4. Velocidad de carga

La velocidad de carga del sitio web es esencial. Los sitios web lentos pueden llevar a una alta tasa de rebote, lo que significa que los visitantes abandonan tu sitio antes de realizar alguna interacción. Optimiza las imágenes y utiliza una estructura de código eficiente para acelerar la velocidad de carga.

5. SEO local

Si deseas atraer pacientes locales, el SEO local es clave. Asegúrate de incluir información precisa de ubicación en tu sitio web y verifica tu perfil en Google My Business para mejorar tu visibilidad local. Te explicaré esto con más detalle en un capítulo posterior.

6. Facilidad de navegación

La navegación debe ser intuitiva. Los visitantes deben poder encontrar información con facilidad. Utiliza una estructura de menú lógica y coloca llamados a la acción (CTA) estratégicos para guiar a los visitantes a tomar medidas, por ejemplo para programar una cita.

7. Seguridad y certificado SSL

La seguridad es esencial en un sitio web de atención médica y otorga confianza al ingresar en un sitio web. Asegúrate de tener un certificado SSL instalado para proteger la información de los pacientes y aumentar la confianza en tu sitio. Para saber si un sitio web tiene instalado un certificado SSL, los navegadores muestran un ícono de candado antes de la dirección url, esto demuestra que es un sitio seguro.

Herramientas para la optimización de tu Sitio Web

Con algunas herramientas gratuitas, puedes visualizar la forma en la que interactúan tus visitantes, las secciones más revisadas y el tiempo en que los usuarios permanecen en tu sitio web.

Google Page Speed

https://pagespeed.web.dev/

Esta herramienta gratuita de Google sirve para obtener un informe de velocidad de carga y consejos de optimización de tu sitio web.

Google Analytics

https://analytics.google.com/

Con Google Analytics puedes ver la cantidad de visitantes en tiempo real, las páginas más visitadas, el tiempo de interacción de los usuarios, así como una infinidad de informes y herramientas.

HotJar

https://www.hotjar.com

Esta herramienta, puede realizar una "grabación" de todos los visitantes al sitio, para ver la manera en que los usuarios interactúan, y en qué secciones pasan más tiempo (heatmap).

Ideas de prompt de Chat GPT para tener nociones de cómo optimizar tu sitio web

Algunos comandos o prompts que puedes utilizar en Chat GPT para optimizar el sitio web de tu clínica dental incluyen:

"¿Puedes sugerir formas de mejorar la velocidad de carga del sitio web de mi clínica dental?"

"¿Qué estrategias de SEO local son más efectivas para una clínica dental?"

"¿Cómo puedo estructurar el menú de navegación del sitio web de mi clínica dental para que sea más intuitivo?"

"¿Qué tipo de contenido es más efectivo para atraer a nuevos pacientes a mi clínica dental?"

"¿Cuáles son las mejores prácticas para mantener mi sitio web seguro y protegido?"

En resumen, la optimización de tu sitio web dental es esencial para atraer y retener pacientes en la era digital. Combina las mejores prácticas de diseño y contenido con la inteligencia artificial para crear un sitio web efectivo que no solo atraiga a los visitantes, sino que los convierta en pacientes satisfechos.

2. Marketing en Redes Sociales

En la era digital, las redes sociales se han convertido en una herramienta esencial para la promoción de negocios, incluyendo las clínicas dentales. Plataformas como Facebook e Instagram ofrecen oportunidades únicas para conectarte con tus pacientes, mostrar tu experiencia y construir relaciones sólidas con tu audiencia. En esta sección, exploraremos cómo utilizar eficazmente el marketing en redes sociales para impulsar tu clínica dental hacia el éxito.

El impacto de las Redes Sociales en la salud dental

Las redes sociales han transformado la forma en que las personas acceden a la información y se comunican entre sí. En el contexto de la atención dental, esto significa que los pacientes no solo buscan recomendaciones de amigos y familiares, sino que también investigan y evalúan clínicas dentales en línea antes de tomar una decisión. Esto hace que las redes sociales sean una herramienta invaluable para la promoción de tu clínica dental.

Conexión con la comunidad

Las redes sociales te permiten conectarte directamente con tu comunidad local y más allá. Puedes interactuar con pacientes actuales y potenciales, responder preguntas, compartir noticias y crear un sentido de comunidad en línea alrededor de tu clínica dental.

Visibilidad y reconocimiento de marca

El marketing en redes sociales es una forma efectiva de aumentar la visibilidad de tu clínica dental. Publicar contenido regularmente en plataformas populares como Facebook e Instagram te ayuda a crear reconocimiento de marca y a establecer una presencia en línea sólida.

Educación y concienciación

Las redes sociales son un canal eficaz para educar a tu audiencia sobre la importancia de la salud dental. Puedes compartir consejos de cuidado dental, información sobre procedimientos y noticias de salud bucal para ayudar a tus seguidores a tomar decisiones informadas sobre su atención dental.

Estrategias efectivas de marketing en Redes Sociales

Ahora que comprendes por qué el marketing en redes sociales es importante, exploremos algunas estrategias efectivas para sacar el máximo provecho de estas plataformas:

1. Identifica tu audiencia

Antes de empezar, es crucial identificar a quiénes te diriges en las redes sociales. ¿Son principalmente familias, adultos jóvenes o un grupo demográfico específico? Conocer a tu audiencia te ayudará a adaptar tu contenido y el tono de voz de tus publicaciones de manera efectiva.

2. Crea un calendario de contenido

Planifica tu contenido con anticipación. Crea un calendario de publicaciones que incluya temas relevantes, como consejos de cuidado dental, historias de éxito de pacientes y promociones especiales. La consistencia en la publicación es clave para mantener a tu audiencia comprometida.

3. Publica contenido variado

Varía tu contenido para mantenerlo interesante y relevante. Publica imágenes de tu equipo, testimonios de pacientes, videos educativos y noticias de la industria dental. La diversidad en el contenido atraerá a una audiencia más amplia.

4. Interactúa con tu audiencia

No te limites a publicar contenido; interactúa con tus seguidores. Responde a preguntas y comentarios de manera rápida y amigable. La interacción genuina construye relaciones sólidas en línea.

5. Promociona ofertas especiales

Las redes sociales son un canal efectivo para promocionar ofertas especiales y descuentos en tus servicios dentales. Anuncia promociones exclusivas para seguidores de tus redes sociales para incentivar la participación.

6. Utiliza publicidad pagada

Considera la posibilidad de invertir en publicidad pagada en redes sociales para llegar a una audiencia más amplia y segmentada. Las opciones de segmentación te permiten llegar a personas específicas en función de la ubicación, intereses y más.

Ideas de prompt de Chat GPT para crear y publicar artículos de interés y salud dental

Utilizar inteligencia artificial para crear y publicar contenido en redes sociales puede ser una estrategia eficaz. Algunas ideas de prompt o comandos para Chat GPT incluyen:

"Genera un artículo sobre la importancia del cepillado dental regular y cómo elegir la mejor pasta de dientes."

"Escribe una publicación sobre cómo mantener una sonrisa saludable en verano, incluyendo consejos sobre alimentación y cuidado dental."

"Crea una publicación informativa sobre los beneficios de la ortodoncia invisible para adultos."

"Escribe un artículo breve sobre cómo evitar la sensibilidad dental y cómo tratarla."

"Genera una publicación divertida y educativa sobre la relación entre la salud bucal y la salud general."

Puedes acompañar tu publicación con alguna imagen o fotografía de stock. Existen sitios donde puedes buscar y utilizar fotografías de libre uso, como por ejemplo https://www.pexels.com o https://www.freepik.com/

En resumen, el marketing en redes sociales es una herramienta poderosa para promocionar tu clínica dental y construir relaciones con los pacientes. Aprovecha estas plataformas para conectar con tu comunidad, educar a tu audiencia y aumentar la visibilidad de tu clínica.

3. Programas de fidelización y referidos

En la búsqueda continua de un crecimiento sostenible y exitoso de tu clínica dental, es esencial no solo atraer nuevos pacientes, sino también mantener a los pacientes actuales felices y alentarlos a que compartan su experiencia positiva con amigos y familiares. Los programas de fidelización y referidos son herramientas poderosas que pueden fortalecer las relaciones con los pacientes y aumentar la base de pacientes de tu clínica. En esta sección, exploraremos la importancia de estos programas y cómo implementarlos de manera efectiva.

La importancia de la fidelización de pacientes

Antes de sumergirnos en los detalles de los programas de fidelización y referidos, es importante comprender por qué la fidelización de pacientes es fundamental para el éxito de tu clínica dental.

Retención de pacientes

Mantener a los pacientes existentes es más rentable que adquirir nuevos. Los pacientes fieles tienen más probabilidades de regresar para futuros tratamientos y servicios, lo que aumenta la rentabilidad a lo largo del tiempo.

Construcción de relaciones

La fidelización de pacientes no se trata solo de transacciones; se trata de construir relaciones sólidas con tus pacientes. Cuando los pacientes se sienten valorados y cuidados, es más probable que se conviertan en defensores de tu clínica y recomienden tus servicios con familiares y amigos.

Reducción de costos de Marketing

El costo de adquirir nuevos pacientes a través de estrategias de marketing puede ser significativo. Al fomentar la fidelidad de tus pacientes, reduces la dependencia de la adquisición de nuevos pacientes a través de publicidad.

Creación de programas de fidelización efectivos

Ahora que comprendemos la importancia de la fidelización de pacientes, exploremos cómo crear programas de fidelización efectivos para tu clínica dental.

1. Identifica a tus mejores pacientes

Comienza por identificar a tus pacientes más leales y valiosos. Estos pueden ser aquellos que se han estado atendiendo en tu clínica durante años o que han recomendado a otros pacientes. Reconocer y recompensar a estos pacientes es un paso importante.

2. Ofrece incentivos relevantes

Los incentivos deben ser relevantes para tus pacientes. Pueden incluir descuentos en tratamientos futuros, regalos, servicios gratuitos o incluso membresías de fidelización.

3. Comunicación clara

Asegúrate de que tus pacientes conozcan el programa de fidelización y cómo pueden participar. Comunica los beneficios de manera clara a través de tu sitio web, redes sociales y en la clínica.

4. Seguimiento y reconocimiento

Lleva un registro de las interacciones y el comportamiento de tus pacientes fieles. Reconoce su lealtad de manera regular y personalizada, ya sea a través de notas de agradecimiento, llamadas o mensajes especiales en sus cumpleaños.

5. Solicita retroalimentación

Pide a tus pacientes fieles que compartan su opinión y sugerencias para mejorar tu clínica. Sus comentarios pueden ser invaluables para hacer ajustes y brindar un mejor servicio.

Programas de referidos

Los programas de referidos son una extensión natural de los programas de fidelización y pueden ser una forma poderosa de atraer nuevos pacientes a través de las recomendaciones de tus pacientes existentes.

1. Recompensas para referidos

Ofrece incentivos tanto para el paciente referido como para el que hace la referencia. Por ejemplo, podrías ofrecer un descuento en el tratamiento para el paciente referido y un bono de agradecimiento para el que hizo la referencia.

2. Facilita la referencia

Simplifica el proceso de referencia para tus pacientes. Proporciona tarjetas de referencia que puedan compartir con amigos y familiares o establece un sistema en línea donde puedan enviar fácilmente las referencias.

3. Destaca las historias de éxito

Comparte historias de éxito de pacientes referidos en tu sitio web y redes sociales. Esto no solo muestra el valor de tus servicios, sino que también reconoce y agradece a los pacientes por sus referencias.

Ideas de prompts de Chat GPT para solicitar sugerencias y consejos de fidelización y referidos

Si estás buscando sugerencias y consejos específicos para fidelizar a tus clientes y crear programas de referidos efectivos en tu clínica dental, puedes usar la inteligencia artificial para obtener ideas.

Aquí hay algunas ideas de prompt para Chat GPT:

"Proporciona consejos para mantener a los pacientes comprometidos y fieles a mi clínica dental."

"Genera ideas para incentivos efectivos que pueda ofrecer a los pacientes para que recomienden mi clínica dental a amigos y familiares."

"¿Cuáles son las mejores prácticas para automatizar la comunicación con los pacientes y recordarles sus citas dentales?"

"¿Qué estrategias puedo utilizar para identificar a los pacientes más propensos a referir a otros?"

"Dame sugerencias para destacar historias de éxito de pacientes referidos en mi marketing en redes sociales."

En resumen, los programas de fidelización y referidos son herramientas valiosas para fortalecer las relaciones con los pacientes y atraer nuevos. Aprovecha la oportunidad de reconocer y recompensar la lealtad de tus pacientes, al tiempo que fomentas las recomendaciones de boca a boca. La inteligencia artificial puede ayudarte a mejorar la eficacia de estas estrategias y brindar un servicio excepcional a tus pacientes.

4. Presencia local en línea (SEO local)

La presencia local en línea es un componente esencial del marketing dental en la era digital. A medida que los pacientes buscan servicios de atención médica, incluyendo servicios dentales, en línea, es crucial que tu clínica dental sea fácilmente accesible y esté bien representada en los directorios locales en línea. En esta sección, exploraremos la importancia de la presencia local en línea y cómo asegurarte de que tu clínica dental esté en la mira de los pacientes locales.

La importancia de la presencia local

La presencia local en línea se refiere a cómo tu clínica dental se presenta en la web en estrecha relación con la ubicación física de tu clínica. Esto incluye aparecer en directorios locales y motores de búsqueda cuando los pacientes buscan servicios dentales en tu área. La importancia de la presencia local radica en varios factores clave:

Visibilidad para pacientes locales

Cuando los pacientes buscan un dentista en línea, es probable que utilicen términos de búsqueda que incluyan la ubicación, como "dentista en [ciudad]" o "clínica dental cerca de mí" o también realizar búsquedas en Google Maps o cualquier otro motor de búsqueda basado en mapas. Tener una fuerte presencia local te asegura que tu clínica aparezca en los resultados de búsqueda de estos pacientes.

Credibilidad y confianza

Estar presente en directorios locales en línea, como Google My Business (actualmente Google Business Profile), agrega un nivel de credibilidad y confianza a tu clínica. Los pacientes pueden ver información detallada sobre tu práctica, incluyendo reseñas de otros pacientes, lo que puede influir en su decisión de programar una cita.

Facilita el contacto

La información de contacto precisa y fácilmente accesible es esencial para que los pacientes te encuentren y se pongan en contacto contigo. La presencia local en línea garantiza que los pacientes tengan acceso a tu dirección, número de teléfono y horario de atención.

Maximizando tu presencia local en línea

A continuación, te presentamos algunas estrategias clave para maximizar tu presencia local en línea:

1. Google My Business (actualmente Google Business Profile)

Google Business Profile es una herramienta poderosa para aumentar la visibilidad local. Asegúrate de que tu cuenta Business Profile esté completo y actualizado con información precisa, incluyendo tu dirección, número de teléfono y horario de atención. Publica fotos de calidad y responde a las reseñas de los pacientes de manera profesional.

2. Directorios de salud locales

Investiga y regístrate en directorios de salud locales en línea. Estos directorios específicos para el sector médico pueden ayudarte a llegar a pacientes que buscan servicios dentales en tu área. Asegúrate de mantener tu información actualizada en estos directorios.

3. Optimización de palabras clave locales

Utiliza palabras clave locales en el contenido de tu sitio web y en tu cuenta de Business Profile. Esto aumentará las posibilidades de aparecer en los resultados de búsqueda cuando los pacientes locales busquen servicios dentales.

4. Solicita reseñas de pacientes satisfechos

Las reseñas positivas son un factor importante para atraer pacientes locales. Anima a tus pacientes satisfechos a dejar reseñas en tu cuenta de Business Profile y en otros directorios relevantes.

5. Promociona eventos y ofertas locales

Si participas en eventos locales u ofreces promociones especiales para pacientes locales, asegúrate de promocionarlos en línea. Esto puede atraer a pacientes que buscan ofertas y servicios cercanos.

Ideas de prompt para aumentar tu presencia local

Si estás buscando formas específicas de aumentar la presencia local de tu clínica dental en Google Business Profile y en directorios en línea locales de servicios médicos, puedes utilizar la inteligencia artificial para obtener ideas y consejos.

Aquí hay algunas ideas de prompt para Chat GPT:

"Genera ideas para optimizar el perfil de Google My Business de mi clínica dental y atraer más pacientes locales."

"Proporciona consejos para solicitar y gestionar reseñas de pacientes en línea de manera efectiva."

"¿Cómo puedo destacar en directorios de salud local en línea y aparecer en la parte superior de los resultados de búsqueda?"

"Dame sugerencias para promocionar eventos locales en el perfil de Google My Business de mi clínica dental y en mi sitio web."

"¿Cómo puedo utilizar palabras clave locales de manera efectiva para atraer a pacientes de mi área que requieran de tratamientos dentales?"

En resumen, la presencia local en línea es esencial para atraer pacientes a tu clínica dental. Aprovecha estas herramientas y los directorios de salud para asegurarte que tu clínica sea fácilmente visible para los pacientes que buscan servicios dentales en tu área.

5. Eventos y seminarios de salud bucal

Organizar eventos y seminarios de salud bucal es una estrategia efectiva para conectar con la comunidad local, establecer tu experiencia como profesional dental y atraer a posibles pacientes a tu clínica. En esta sección, exploraremos la importancia de llevar a cabo eventos educativos gratuitos sobre salud dental en diversos lugares, como empresas, escuelas o jardines infantiles. Descubrirás cómo planificar, promocionar y ejecutar con éxito estos eventos, que pueden marcar la diferencia en el crecimiento de tu clínica dental.

Beneficios de organizar eventos de salud bucal

Antes de adentrarnos en la planificación y ejecución de eventos de salud bucal, es fundamental comprender por qué son tan valiosos para tu clínica dental.

1. Conexión con la comunidad

Los eventos te brindan la oportunidad de conectarte directamente con la comunidad local. Puedes establecer relaciones personales con los asistentes y demostrar tu compromiso con la salud bucal de la comunidad.

2. Educación preventiva

Los eventos educativos te permiten compartir conocimientos sobre cuidado dental preventivo. Puedes informar a la comunidad sobre la importancia del cepillado, el uso del hilo dental y otros aspectos esenciales de la salud bucal.

3. Generación de confianza

Cuando ofreces información valiosa de manera gratuita, generas confianza en tu experiencia y profesionalismo. Los asistentes verán que te preocupas por su salud bucal y estarán más inclinados a considerarte como su dentista de confianza.

4. Posibles pacientes

Los eventos son una oportunidad para atraer a posibles pacientes. Las personas que asisten pueden estar buscando un nuevo dentista o pueden recomendarte a amigos y familiares en el futuro.

Planificación de eventos de salud bucal

Para organizar eventos exitosos de salud bucal, sigue estos pasos:

1. Objetivos claros

Define claramente los objetivos de tu evento. ¿Quieres educar sobre la importancia de la salud bucal en las escuelas locales o atraer a trabajadores de empresas cercanas? Tener objetivos claros te ayudará a diseñar el evento de manera efectiva.

2. Selección del lugar y fecha

Elige un lugar adecuado para tu evento, como una escuela, una empresa local o un jardín infantil. La fecha debe ser conveniente para tu audiencia objetivo.

3. Contenido educativo

Planifica el contenido de tu presentación o seminario. Considera temas como la prevención de caries, la importancia de las visitas dentales regulares y consejos de cuidado bucal. Prepara materiales visuales y ejemplos prácticos.

4. Promoción

Promociona tu evento a través de redes sociales, volantes en la comunidad y correos electrónicos a tus pacientes actuales. Utiliza múltiples canales para llegar a un público más amplio.

5. Recursos y materiales

Asegúrate de tener todos los recursos y materiales necesarios para el evento, como folletos informativos, muestras de productos dentales y material de presentación.

6. Personal capacitado

Si es posible, cuenta con la ayuda de personal capacitado en tu clínica dental para responder preguntas y ofrecer consejos personalizados a los asistentes.

Promoción de eventos en Redes Sociales

Una parte crucial de la promoción de tus eventos de salud bucal es utilizar las redes sociales. Aquí tienes algunas ideas de cómo promocionar tus eventos en plataformas como Facebook, Instagram y Twitter:

1. Publicaciones de Anuncio

Crea publicaciones de anuncio que destaquen los beneficios del evento y su carácter educativo. Utiliza imágenes atractivas y colores relacionados con la salud bucal para captar la atención.

2. Videos informativos

Graba videos cortos explicando el propósito del evento y qué pueden esperar los asistentes. Publica estos videos en tus perfiles sociales y promociónalos con anuncios pagados para llegar a un público más amplio.

3. Hashtags relevantes

Utiliza hashtags relacionados con la salud bucal y el evento en tus publicaciones. Esto facilitará que las personas interesadas en este tema encuentren tu contenido.

4. Colaboraciones con influencers locales

Si es posible, colabora con influencers locales relacionados con la salud o el bienestar para promocionar el evento. Sus seguidores pueden estar interesados en asistir.

5. Publicaciones de recordatorio

Haz publicaciones periódicas de recordatorio en los días previos al evento para asegurarte de que las personas lo tengan presente en su agenda.

Ideas de prompt para promocionar eventos en Redes Sociales

Para solicitar a Chat GPT que te ayude a redactar textos invitando a los seguidores de redes sociales a participar en un evento de salud bucal, puedes utilizar prompts como:

"Genera un mensaje de Facebook que invite a nuestros seguidores a nuestro próximo evento de salud bucal en la escuela [nombre de la escuela o institución]."

"Ayuda a redactar una publicación de Instagram que destaque los beneficios de asistir a nuestro evento de salud bucal para padres e hijos y dame sugerencias de con qué foto acompañar la publicación."

"Crea una publicación de recordatorio para Facebook sobre nuestro seminario de salud bucal que se llevará a cabo la próxima semana."

"Escribe una publicación de Twitter que destaque la experiencia

de nuestro equipo dental y la importancia de la prevención dental para que asistan a nuestro evento gratuito."

En resumen, organizar eventos y seminarios de salud bucal es una estrategia efectiva para conectar con la comunidad, educar a posibles pacientes y establecer tu experiencia como profesional dental. La promoción en redes sociales desempeña un papel fundamental en la difusión de estos eventos, y puedes utilizar Chat GPT para ayudarte a redactar mensajes atractivos y persuasivos que inviten a los seguidores a participar en tus eventos de salud bucal. Con una planificación adecuada y una estrategia de promoción efectiva, estos eventos pueden contribuir significativamente al crecimiento de tu clínica dental.

6. Marketing de Contenidos para clínicas dentales

En la era digital, el marketing de contenidos se ha convertido en una herramienta fundamental para las clínicas dentales que desean establecer su presencia en línea, posicionar su experiencia y atraer a un público interesado en la salud bucal. En esta estrategia, exploraremos cómo crear un blog en tu sitio web y publicar contenido de calidad sobre temas dentales puede ser una estrategia efectiva para fortalecer tu reputación, atraer tráfico orgánico y educar a tus pacientes sobre la importancia de prevenir enfermedades bucales.

La Importancia del Marketing de Contenidos

El marketing de contenidos va más allá de las estrategias publicitarias tradicionales. Se trata de ofrecer información valiosa y relevante que responda a las preguntas y necesidades de tu audiencia. En el caso de las clínicas dentales, esta estrategia puede generar una serie de beneficios:

1. Posicionamiento como autoridad

Al crear contenido de calidad sobre temas dentales, demuestras tu conocimiento y experiencia en el campo. Esto te posiciona como una autoridad confiable en la mente de tus pacientes y clientes potenciales.

2. Atracción de tráfico orgánico

El contenido de calidad atrae tráfico orgánico (tráfico no pagado) a tu sitio web. Cuando las personas buscan información sobre salud bucal, es más probable que encuentren tu sitio si has publicado contenido relevante y optimizado para motores de búsqueda (SEO).

3. Educación del paciente

El marketing de contenidos te brinda la oportunidad de educar a tus pacientes sobre la importancia del cuidado dental y la prevención de enfermedades bucales. Puedes abordar temas como el cepillado adecuado, el uso del hilo dental, la dieta y otros aspectos relacionados con la salud bucal.

4. Fomento de las relaciones

El contenido de calidad puede fomentar relaciones sólidas con tus pacientes. Puedes responder a sus preguntas, ofrecer consejos útiles y mantenerlos comprometidos entre visitas a la clínica.

Creación de un Blog Dental efectivo

A continuación, se presentan los pasos clave para crear y gestionar un blog dental efectivo:

1. Identificación de temas relevantes

Investiga los temas más relevantes y populares en el campo de la salud bucal. Esto puede incluir temas como la prevención de caries, el blanqueamiento dental, la ortodoncia y otros aspectos relacionados.

2. Programación de publicaciones

Establece una programación de publicaciones regular para mantener la consistencia en tu blog. Esto puede ser semanal, quincenal o mensual, según tus recursos y disponibilidad.

3. Optimización SEO

Asegúrate de que cada publicación esté optimizada para motores de búsqueda. Utiliza palabras clave relevantes, meta descripciones y encabezados adecuados para aumentar la visibilidad en los resultados de búsqueda.

4. Contenido multimedia

Enriquece tus publicaciones con contenido multimedia, como imágenes, infografías y videos. Esto hace que el contenido sea más atractivo y fácil de entender.

5. Interacción con los lectores

Fomenta la interacción con tus lectores a través de secciones de comentarios y formularios de contacto. Responde a las preguntas y comentarios de manera oportuna y amigable.

6. Promoción en Redes Sociales

Comparte tus publicaciones de blog en tus perfiles de redes sociales para aumentar su alcance. Puedes utilizar plataformas como Facebook, Twitter e Instagram para promocionar tu contenido.

Ideas de prompt de Chat GPT para crear contenido educativo

La creación de contenido educativo es fundamental para un blog dental exitoso. Puedes utilizar Chat GPT para ayudarte a redactar textos informativos y educativos sobre la salud bucal. Aquí tienes algunas ideas de prompts para solicitar a Chat GPT que genere contenido:

"Escribe un artículo educativo sobre la importancia de la prevención dental y cómo los pacientes pueden mantener sus sonrisas saludables."

"Crea un artículo que explique los efectos de una mala salud bucal en la salud general y cómo prevenir problemas dentales."

"Escribe una guía paso a paso sobre cómo cuidar adecuadamente los dientes y encías, incluyendo el uso del hilo dental y enjuague bucal."

"Genera un artículo sobre los beneficios del blanqueamiento

dental y los diferentes métodos disponibles para los pacientes."

En conclusión, el marketing de contenidos mediante un blog dental es una estrategia efectiva para establecer tu presencia en línea, educar a tus pacientes y atraer tráfico orgánico. Aprovecha la oportunidad de compartir tu experiencia y consejos sobre salud bucal, y utiliza Chat GPT para generar contenido informativo y educativo que mantenga a tu audiencia comprometida y bien informada. Con una estrategia de marketing de contenidos sólida, puedes fortalecer la relación con tus pacientes y atraer a nuevos, al tiempo que promueves la salud bucal en tu comunidad.

7. Publicidad en línea para Clínicas Dentales

En el competitivo mundo de la odontología, la publicidad en línea se ha convertido en una herramienta esencial para llegar a un público más amplio y atraer a nuevos pacientes. En esta sección, exploraremos la importancia de utilizar anuncios pagados en Google Ads y en las redes sociales para promocionar tu clínica dental. Aprenderás cómo dirigirte a palabras clave relevantes y utilizar la segmentación demográfica para maximizar la efectividad de tus anuncios y atraer a aquellos que buscan servicios dentales.

El poder de la publicidad en línea

La publicidad en línea ha revolucionado la forma en que las clínicas dentales pueden llegar a su audiencia. A diferencia de los métodos tradicionales de publicidad, la publicidad en línea permite una mayor precisión en la segmentación y una medición más efectiva del retorno de la inversión.

Ventajas de la publicidad en línea

Segmentación precisa: Puedes dirigir tus anuncios a personas específicas según sus intereses, ubicación geográfica y comportamientos en línea.

Medición detallada: Obtén datos precisos sobre el rendimiento de tus anuncios, incluyendo el número de clics, conversiones y costo por adquisición.

Flexibilidad y control: Tienes control total sobre tu presupuesto y la capacidad de ajustar tus anuncios en tiempo real según su rendimiento.

Alcance global: Puedes llegar a un público local o ampliar tu alcance a nivel nacional o internacional, según tus objetivos.

Utilizando Google Ads para Clínicas Dentales

Google Ads es una de las plataformas publicitarias en línea más efectivas para las clínicas dentales. Permite que tus anuncios aparezcan en los resultados de búsqueda de Google cuando las personas buscan servicios dentales. Aquí hay pasos clave para aprovechar Google Ads:

1. Investigación de palabras clave

Realiza una investigación exhaustiva de palabras clave relevantes para tu clínica dental. Identifica las palabras clave que las personas suelen buscar al buscar servicios dentales, como "dentista en [tu ubicación]" o "tratamiento de ortodoncia".

2. Configuración de campañas

Crea campañas publicitarias específicas y configura tu presupuesto diario. Utiliza palabras clave relevantes en tus anuncios y crea múltiples grupos de anuncios para dirigirte a audiencias específicas.

3. Segmentación geográfica

Utiliza la segmentación geográfica para mostrar tus anuncios solo a personas dentro de tu área de servicio. Esto garantiza que tus anuncios lleguen a las personas que pueden visitar tu clínica fácilmente.

4. Seguimiento y optimización

Realiza un seguimiento constante del rendimiento de tus anuncios en Google Ads. Ajusta tus estrategias de palabras clave y presupuesto según los resultados obtenidos.

Publicidad en Redes Sociales

Las redes sociales también ofrecen oportunidades significativas para promocionar tu clínica dental. Plataformas como Facebook, Instagram y Twitter te permiten llegar a un público amplio y altamente segmentado. Aquí hay consejos para una publicidad efectiva en redes sociales:

1. Identificación del público objetivo

Define claramente quiénes son tus pacientes ideales. ¿Estás buscando atraer a familias, adolescentes o adultos mayores? Utiliza la segmentación demográfica en las redes sociales para dirigirte a tu público objetivo.

2. Contenido visual atractivo

Utiliza imágenes y videos atractivos que muestren el ambiente acogedor de tu clínica dental y el equipo profesional. Las imágenes antes y después de los tratamientos también son efectivas.

3. Promociones especiales

Ofrece promociones especiales a través de tus anuncios en redes sociales. Esto puede incluir descuentos en tratamientos dentales de rutina o servicios adicionales gratuitos.

4. Interacción con la audiencia

Fomenta la interacción con tu audiencia a través de comentarios y mensajes directos. Responde a las preguntas y comentarios de manera amigable y profesional.

Ideas de prompt de Chat GPT para anuncios en Google Ads

Para solicitar a Chat GPT que te ayude a redactar anuncios efectivos para Google Ads que llamen la atención de tu público objetivo, puedes utilizar prompts como:

"Genera un anuncio de Google Ads para promocionar nuestros servicios de odontología estética y resalta cómo podemos mejorar las sonrisas de nuestros pacientes."

"Escribe un anuncio de Google Ads que destaque nuestra clínica dental de vanguardia y la tecnología de última generación que utilizamos en nuestros tratamientos."

"Crea un anuncio de Facebook que ofrezca una consulta dental gratuita como oferta especial para nuevos pacientes."

"Genera un anuncio de Google Ads que promocione nuestros servicios de cuidado dental pediátrico y resalte nuestra atención amigable para niños."

"Escribe un anuncio persuasivo de Facebook que destaque nuestra experiencia en implantes dentales y cómo pueden restaurar la funcionalidad de la sonrisa de nuestros pacientes."

En resumen, la publicidad en línea a través de Google Ads y las redes sociales es una estrategia esencial para las clínicas dentales que desean atraer a nuevos pacientes y crecer en un mercado competitivo. Al dirigirte a palabras clave relevantes y utilizar la segmentación demográfica, puedes garantizar que tus anuncios lleguen a las personas adecuadas en el momento adecuado. Utiliza Chat GPT para crear anuncios atractivos que resalten los beneficios de tu clínica dental y atraigan la atención de tu público objetivo. Con una estrategia publicitaria efectiva, puedes expandir tu presencia en línea y atraer a pacientes que buscan servicios dentales de calidad.

8. Correo electrónico y boletines informativos para Clínicas Dentales

El correo electrónico y los boletines informativos son herramientas poderosas en el arsenal de marketing de una clínica dental. En esta estrategia, exploraremos cómo el mantener una lista de correo electrónico de pacientes y enviar boletines informativos periódicos puede fortalecer las relaciones con tus pacientes, mantenerlos informados sobre su salud dental y atraer su lealtad a largo plazo. Además, te proporcionaremos estrategias efectivas para crear y distribuir boletines que generen interés y participación.

Construyendo una lista de correo electrónico

Antes de comenzar a enviar boletines informativos, es fundamental construir una lista de correos electrónicos de pacientes y personas interesadas en tu clínica dental. Aquí hay pasos clave para hacerlo:

1. Solicita el permiso

Siempre solicita el permiso de tus pacientes para agregarlos a tu lista de correo electrónico. Puedes hacerlo durante sus visitas a la clínica o a través de formularios en tu sitio web.

2. Ofrece incentivos

Para alentar a las personas a unirse a tu lista, ofrece incentivos como un descuento en su próxima cita dental o la descarga gratuita de un recurso educativo sobre salud bucal.

3. Segmentación de la lista

Organiza tu lista de correo electrónico en grupos según las necesidades y preferencias de los pacientes. Esto te permitirá enviar contenido relevante y personalizado.

Creando boletines informativos efectivos

Una vez que tengas una lista sólida, es hora de crear boletines informativos efectivos que mantengan a tus pacientes comprometidos. Aquí hay pasos clave a seguir:

1. Contenido de valor

El contenido de tus boletines debe proporcionar valor a tus pacientes. Incluye consejos de salud dental, noticias de la clínica, historias de éxito de pacientes y ofertas especiales.

2. Diseño atractivo

Utiliza un diseño atractivo y limpio para tus boletines. Incluye imágenes de alta calidad y asegúrate de que sean visualmente atractivos en dispositivos móviles.

3. Frecuencia consistente

Mantén una frecuencia consistente en el envío de tus boletines, ya sea mensual o trimestral. La consistencia ayuda a mantener el interés de los suscriptores.

4. Llamados a la acción (CTA)

Incluye llamados a la acción claros en tus boletines. Pueden ser invitaciones para programar una cita, compartir el boletín en redes sociales o aprovechar ofertas especiales.

5. Personalización

Utiliza el nombre del destinatario en el saludo y considera la personalización del contenido según sus necesidades. Esto hace que los boletines sean más relevantes.

Estrategias de contenido para boletines

A continuación, algunas estrategias de contenido efectivas para tus boletines informativos:

1. Consejos de cuidado dental

Ofrece consejos prácticos de cuidado dental, como técnicas de cepillado adecuadas, uso del hilo dental y elección de productos de higiene bucal.

2. Historias de éxito de pacientes

Comparte historias reales de pacientes que han tenido resultados positivos en tu clínica. Esto inspira confianza y muestra tu experiencia.

3. Noticias de la clínica

Mantén a los pacientes informados sobre novedades en tu clínica, como la incorporación de nuevos servicios, tecnología avanzada o eventos especiales.

4. Ofertas especiales

Ofrece descuentos exclusivos en tratamientos dentales y productos de cuidado bucal a través de tus boletines. Esto motiva a los pacientes a programar citas.

Ideas de prompt de Chat GPT para generar correos con descuentos y contenido de valor

Para solicitar a Chat GPT que redacte un mailing acerca de descuentos en tratamientos dentales y de salud bucal, puedes utilizar prompts como:

"Crea un correo electrónico que anuncie un descuento especial de 20% en limpiezas dentales y que resalte la importancia de la higiene bucal regular."

"Escribe un mensaje de correo electrónico que ofrezca un descuento del 15% en blanqueamiento dental y destaque cómo una sonrisa brillante puede aumentar la confianza."

"Genera un correo electrónico promocional que anuncie un

descuento exclusivo en tratamientos de ortodoncia y explique los beneficios de la alineación dental."

Estos prompts pueden ayudarte a crear mensajes de correo electrónico efectivos que incentiven a tus pacientes a aprovechar las ofertas especiales y programar citas dentales.

9. Programa de revisión de salud dental gratuita

Ofrecer revisiones dentales iniciales gratuitas es una estrategia poderosa que puede tener un impacto significativo en tu clínica dental. En esta estrategia, exploraremos la importancia de implementar un programa de revisión de salud dental gratuita para nuevos pacientes. Aprenderás cómo esta iniciativa no solo beneficia a quienes buscan atención dental, sino que también contribuye a establecer relaciones de confianza y fomentar el crecimiento de tu clínica.

La importancia de la revisión dental inicial

Las revisiones dentales iniciales gratuitas son una forma efectiva de eliminar las barreras que a menudo impiden que las personas busquen atención dental. Muchos individuos pueden sentir temor, ansiedad o incertidumbre antes de su primera cita con un dentista. Ofrecer revisiones gratuitas aborda estos problemas y proporciona una serie de beneficios:

1. Accesibilidad a la atención dental

Eliminar el costo inicial de la consulta hace que la atención dental sea más accesible para las personas, especialmente aquellos sin seguro dental o con recursos limitados.

2. Construcción de confianza

La revisión inicial gratuita es una oportunidad para establecer una relación de confianza con el paciente. Puedes escuchar sus preocupaciones, responder sus preguntas y proporcionarles una experiencia positiva.

3. Educación y prevención

Durante la revisión, puedes educar a los pacientes sobre la importancia de la prevención dental. Les puedes proporcionar consejos sobre cepillado, uso del hilo dental y dieta saludable.

4. Detección temprana de problemas

La revisión dental inicial permite detectar problemas dentales en una etapa temprana, lo que facilita un tratamiento oportuno y menos costoso.

Implementación de un programa de revisión gratuita

A continuación, se presentan los pasos clave para implementar un programa de revisión de salud dental gratuita en tu clínica:

1. Comunicación efectiva

Informa a tus pacientes actuales sobre la disponibilidad del programa de revisión gratuita. Utiliza tu sitio web, redes sociales y el personal de la clínica para difundir esta oferta.

2. Reserva de citas

Asegúrate de contar con horarios disponibles específicos para las revisiones gratuitas. Esto permite una programación sin problemas para los nuevos pacientes interesados.

3. Personal capacitado

Garantiza que tu personal esté capacitado para brindar una bienvenida cálida y profesional a los pacientes que llegan para su revisión inicial.

4. Experiencia positiva

Crea un ambiente acogedor y agradable en la clínica para que los pacientes se sientan cómodos y bien atendidos durante su visita.

5. Educación continua

Durante la revisión, educa a los pacientes sobre los beneficios de la atención dental regular y la prevención de problemas bucales.

Promoción en Redes Sociales

Las redes sociales son un canal efectivo para promocionar tu programa de revisión de salud dental gratuita. Aquí tienes una idea de prompt para solicitar a Chat GPT que redacte una publicación en Facebook para ofrecer una revisión dental gratuita a los seguidores:

Ideas de prompt de Chat GPT para publicación en Facebook

"Crea una publicación de Facebook que ofrezca a nuestros seguidores la oportunidad de recibir una revisión dental inicial gratuita en nuestra clínica. Destaca los beneficios de esta oferta, como la detección temprana de problemas dentales. Anima a los interesados a ponerse en contacto con nosotros para programar su revisión gratuita."

"Escribe una publicación en Facebook que celebre el Mes de la Salud Dental. Como parte de nuestra iniciativa, estamos ofreciendo revisiones dentales iniciales gratuitas durante todo el mes. Pon énfasis para que nuestros seguidores aprovechen esta oportunidad para cuidar su sonrisa."

"Escribe una publicación en Facebook que resalte los beneficios de la prevención dental. Con nuestras revisiones dentales iniciales gratuitas, puedes detectar y abordar problemas dentales antes de que se conviertan en preocupaciones mayores. Al final pon un llamado a la acción persuasivo para que nos contacte y agende una cita."

"Crea una publicación en Facebook que destaque el valor de una sonrisa saludable en la vida cotidiana y cómo afecta la confianza y autoestima. Comenta que ofrecemos revisiones dentales iniciales gratuitas para que puedan mantener su sonrisa en su mejor forma."

"Crea una publicación en Facebook que presente un divertido concurso relacionado con la salud dental que invite a mis seguidores a participar y ganar una revisión dental inicial gratuita. Pídeles que compartan su mejor consejo de cuidado dental en los comentarios para tener la oportunidad de ganar. Asegúrate de mencionar que todos los participantes recibirán un descuento especial en su próxima cita dental con nosotros."

En resumen, un programa de revisión de salud dental gratuita es una estrategia poderosa que beneficia tanto a los pacientes como a tu clínica dental. Elimina las barreras iniciales para buscar atención dental, establece relaciones de confianza y promueve la prevención dental. Utiliza las redes sociales para promocionar esta oferta y atraer a nuevos pacientes interesados en cuidar su salud bucal.

10. Sistema automatizado de atención al cliente con chatbots

En la era digital, la atención al cliente es un aspecto fundamental del éxito de cualquier clínica dental. Los pacientes valoran la eficiencia y la disponibilidad para resolver sus preguntas y preocupaciones. Es aquí donde entra en juego la tecnología de chatbots. En esta sección, exploraremos cómo un sistema automatizado de atención al cliente, impulsado por un chatbot, puede revolucionar la forma en que interactúas con tus pacientes. Descubrirás cómo utilizar esta innovación para responder a las preguntas más frecuentes y mejorar la experiencia de tus pacientes.

El poder de los chatbots en la atención al cliente

Un chatbot es un programa informático diseñado para interactuar con usuarios y responder preguntas de manera automatizada. La incorporación de chatbots en la atención al cliente de tu clínica dental puede ofrecer una serie de beneficios notables:

1. Disponibilidad 24/7

A diferencia de la atención al cliente tradicional, los chatbots pueden estar disponibles las 24 horas del día, los 7 días de la semana. Esto significa que los pacientes pueden obtener respuestas en cualquier momento, incluso fuera del horario laboral.

2. Respuestas rápidas y precisas

Los chatbots están diseñados para proporcionar respuestas precisas de manera instantánea. Pueden responder preguntas comunes sobre horarios, servicios, tratamientos, ubicación y más sin demora.

3. Reducción de la carga de trabajo

Al manejar preguntas frecuentes y tareas rutinarias, los chatbots liberan a tu personal de atención al cliente para abordar cuestiones más complejas y brindar un servicio más personalizado.

4. Mejora la experiencia del paciente

La capacidad de obtener respuestas rápidas y precisas contribuye a una experiencia positiva para el paciente, lo que aumenta la satisfacción y la lealtad.

Construyendo un Chatbot efectivo

La construcción de un chatbot efectivo requiere una planificación cuidadosa y el uso de herramientas adecuadas. Aquí hay pasos clave para crear un chatbot que brinde una experiencia excepcional al paciente:

1. Identifica objetivos claros

Define los objetivos de tu chatbot. ¿Qué preguntas y tareas específicas debe ser capaz de manejar? Esto te ayudará a diseñar un chatbot que cumpla con las necesidades de tus pacientes.

2. Diseña una conversación natural

Crea un flujo de conversación que sea lo más natural posible. El chatbot debe ser capaz de entender preguntas en lenguaje humano y responder de manera comprensible.

3. Base de conocimientos sólida

Alimenta a tu chatbot con una base de conocimientos sólida que incluya información sobre tus servicios, tratamientos, horarios y respuestas a preguntas frecuentes.

4. Integración con Sitio Web y Redes Sociales

Integra el chatbot en tu sitio web y tus perfiles de redes sociales para que los pacientes puedan acceder a él de manera conveniente.

5. Pruebas y mejoras continuas

Realiza pruebas exhaustivas para asegurarte que el chatbot funcione correctamente. Recopila comentarios de los usuarios y realiza mejoras continuas en función de sus experiencias.

Herramientas para construir un chatbot

Existen numerosas herramientas disponibles para construir un chatbot efectivo para tu clínica dental. Aquí te presento algunas opciones populares:

1. Dialogflow de Google

Dialogflow es una plataforma de desarrollo de chatbots de Google que utiliza la inteligencia artificial para crear conversaciones naturales. Puedes diseñar y entrenar tu chatbot de manera efectiva con esta herramienta.

2. Microsoft Bot Framework

Microsoft Bot Framework es una plataforma versátil que permite la creación de chatbots altamente personalizables. Ofrece integración con Microsoft Azure para aprovechar la potencia de la nube.

3. IBM Watson Assistant

Watson Assistant de IBM es una herramienta de chatbot que utiliza la inteligencia artificial de IBM para brindar respuestas precisas y personalizadas. Es adecuada para aplicaciones empresariales de alto nivel.

4. ManyChat

ManyChat es una herramienta de creación de chatbots centrada en la automatización del marketing en Facebook Messenger. Es fácil de usar y adecuada para clínicas dentales que desean interactuar con pacientes a través de esta plataforma.

5. Tars

Tars es una plataforma de creación de chatbots que se enfoca en la creación de bots de conversación de alta conversión. Es ideal para implementaciones de chatbot en sitios web y campañas de marketing.

6. ChatRace

ChatRace una plataforma que permite crear chatbots para interactuar con clientes a través de diversos canales de mensajería, como Messenger, WhatsApp, Instagram, y SMS, entre otros. Estos chatbots están diseñados para automatizar la atención al cliente y mejorar la experiencia de los usuarios al proporcionar respuestas rápidas y precisas a sus preguntas y consultas.

Ideas de prompt de Chat GPT para definir interacciones de un Chatbot

Para comenzar a desarrollar interacciones efectivas para tu chatbot, aquí tienes algunas ideas de prompts:

"Diseña una interacción de chatbot que permita a mis pacientes programar citas dentales directamente desde nuestro sitio web."

"Crea un flujo de conversación para un chatbot que responda a preguntas frecuentes sobre nuestros servicios dentales y horarios de atención."

"Desarrolla una interacción de chatbot que brinde información sobre la importancia de la higiene bucal y ofrezca consejos de cuidado dental."

"Dame ideas de una respuesta de chatbot para consultas relacionadas con la ubicación de nuestra clínica dental y las direcciones para llegar."

Estos prompts te ayudarán a comenzar a diseñar interacciones específicas para tu chatbot, adaptadas a las necesidades de tus pacientes y a la información que deseas proporcionar.

11. Publicidad en medios locales para tu Clínica Dental

La publicidad en medios locales es una estrategia valiosa para promocionar tu clínica dental y llegar a un público cercano. En esta sección, exploraremos la importancia de esta estrategia y cómo puedes aprovechar los recursos de medios locales para aumentar la visibilidad de tu clínica y atraer nuevos pacientes. Además, al final del capítulo, proporcionaremos ideas de prompts para Chat GPT para crear un artículo de revista comunitaria sobre la importancia de la salud bucal y una oferta de revisión gratuita.

La relevancia de la publicidad en medios locales

La publicidad en medios locales presenta numerosas ventajas para tu clínica dental. Aquí hay algunas razones por las que esta estrategia es esencial:

1. Conexión con la comunidad

Anunciar en medios locales te conecta directamente con la comunidad a la que sirves. Puedes construir relaciones sólidas con tus vecinos y establecer la confianza en tu clínica.

2. Segmentación precisa

Los medios locales te permiten segmentar tu audiencia de manera precisa, dirigiéndote a personas que viven o trabajan en las cercanías de tu clínica dental. Esto maximiza la relevancia de tus anuncios.

3. Mayor visibilidad

La publicidad en medios locales aumenta la visibilidad de tu clínica en el área local. Las personas que ven tus anuncios en periódicos, revistas comunitarias o escuchan en estaciones de radio locales son más propensas a recordarte cuando necesiten atención dental.

4. Credibilidad y confianza

Estar presente en medios locales puede aumentar la percepción de tu clínica como una parte integral de la comunidad. Esto contribuye a la credibilidad y la confianza de los pacientes.

Estrategias efectivas de publicidad en medios locales

A continuación, se presentan algunas estrategias efectivas para implementar la publicidad en medios locales:

1. Anuncios en periódicos locales

Coloca anuncios en periódicos locales para promocionar tus servicios dentales y ofertas especiales. Asegúrate de que los anuncios sean atractivos y contengan información de contacto clara.

2. Revistas comunitarias

Colabora con revistas comunitarias para escribir artículos informativos sobre salud bucal y la importancia de revisiones dentales regulares. Estos artículos educativos te ayudarán a establecerte como una autoridad en el campo.

3. Publicidad en estaciones de radio locales

Considere la posibilidad de comprar tiempo publicitario en estaciones de radio locales para transmitir anuncios de radio atractivos que lleguen a una audiencia amplia.

4. Patrocinio de eventos locales

Patrocina eventos comunitarios locales, como ferias, carreras benéficas o festivales. Esto te permite promocionar tu clínica mientras te involucras activamente en la comunidad.

5. Publicidad en medios digitales locales

Aprovecha las oportunidades de publicidad en medios digitales locales, como sitios web de noticias locales o redes sociales. Estos canales te permiten llegar a una audiencia en línea de tu área.

Ideas de prompt de Chat GPT para un artículo de revista comunitaria

Para crear un artículo de revista comunitaria sobre la importancia de la salud bucal y ofrecer una revisión gratuita, puedes utilizar las siguientes ideas de prompts para Chat GPT:

"Escribe un artículo de [número de palabras] palabras que destaque la importancia de la salud bucal en la vida cotidiana. Menciona los beneficios de una sonrisa saludable y cómo la atención dental regular puede prevenir problemas dentales."

"Crea un artículo breve para una revista comunitaria que promueva la salud bucal. Ofrece a los lectores una revisión dental gratuita en nuestra clínica como un gesto de cuidado hacia la comunidad."

"Escribe un artículo de [número de palabras] palabras que destaque la relación entre una buena salud bucal y la salud general. Anuncia que nuestra clínica ofrece revisiones dentales gratuitas para promover la atención preventiva."

"Crea un artículo de 50 palabras para una revista comunitaria que resalte la importancia de la salud bucal en todas las edades. Invita a los lectores a aprovechar una revisión dental gratuita en nuestra clínica."

Estos prompts te ayudarán a crear un artículo de revista comunitaria persuasivo y educativo que motive a las personas a cuidar su salud bucal y aprovechar la oferta de revisión gratuita en tu clínica dental.

12. Webinars y videos educativos para potenciar tu Clínica Dental

En la era digital, la educación y el acceso a la información son esenciales para atraer y retener pacientes en tu clínica dental. Los webinars y videos educativos son herramientas poderosas que te permiten llegar a tu audiencia de manera efectiva. En esta sección, exploraremos cómo organizar webinars en línea y crear videos educativos relacionados con la salud dental para promocionar tu clínica y fortalecer la relación con tus pacientes. Además, al final del capítulo, proporcionaremos ideas de prompts para Chat GPT para crear una publicación en Instagram que anuncie un webinar gratuito sobre salud bucal.

Webinars en línea

Los webinars, o seminarios web, son eventos en línea que te permiten transmitir en vivo o grabar presentaciones interactivas sobre temas relevantes para tu audiencia, es este caso, para la salud dental. Aquí hay algunas ventajas clave de organizar webinars.

Conexión en tiempo real

Los webinars en vivo te permiten interactuar con tu audiencia en tiempo real, responder preguntas y establecer una conexión directa.

Accesibilidad global

Puedes llegar a un público global sin limitaciones geográficas, ampliando el alcance de tu clínica dental.

Contenido valioso

Ofrecer contenido educativo de calidad demuestra tu experiencia y compromiso con la salud bucal.

Organizando webinars exitosos

Aquí hay algunos pasos clave para organizar webinars efectivos:

1. Tema relevante

Elige un tema de interés para tu audiencia, por ejemplo: "Cómo Mantener una Sonrisa Saludable" o "Procedimientos Dentales Comunes".

2. Promoción

Anuncia tu webinar en redes sociales, sitio web y a través de correo electrónico. Proporciona información sobre la fecha, hora y cómo registrarse.

3. Contenido de calidad

Prepara una presentación educativa de calidad y practica antes del evento para asegurarte de que fluya sin problemas.

4. Interacción en vivo

Fomenta la participación de la audiencia con preguntas y respuestas en vivo. Responde a las preguntas de los participantes para crear una experiencia interactiva.

5. Grabación

Graba el webinar para aquellos que no puedan asistir en vivo y publícalo en tu sitio web y redes sociales.

Videos educativos

Los videos educativos son una forma efectiva de presentar información de manera visual y atractiva. Pueden abordar temas como consejos de higiene bucal, procedimientos dentales y testimonios de pacientes. Algunas ventajas de los videos educativos son:

Atractivo visual

Los videos son altamente visuales y pueden simplificar conceptos complejos de manera comprensible.

Fácil de compartir

Los videos se pueden compartir fácilmente en redes sociales y sitios web, lo que aumenta su alcance a tu audiencia.

Diversidad de contenido

Puedes crear una variedad de videos, desde demostraciones de cepillado hasta explicaciones de procedimientos, para mantener el interés de tu audiencia.

Creando videos educativos impactantes

Al crear videos educativos, considera los siguientes consejos:

1. Mantén los videos breves y enfócate en un tema específico.

2. Utiliza gráficos, animaciones o infografías para explicar conceptos.

3. Incluye testimonios de pacientes satisfechos.

4. Promociona tus videos en redes sociales y en tu sitio web.

Ideas de prompts de Chat GPT para promocionar un Webinar gratuito en Instagram

A continuación, proporcionamos ideas de prompts para Chat GPT que sugieran una publicación en Instagram para anunciar un webinar gratuito sobre salud bucal.

"Crea una publicación de Instagram que anuncie nuestro próximo webinar gratuito sobre salud bucal que se realizará el [día] de [mes] por Instagram Live."

"Describe qué foto o ilustración puedo utilizar en una publicación de Instagram para promocionar un webinar gratuito sobre salud bucal y cuidado dental en casa."

"Sugiere una imagen para la publicación de Instagram para promocionar un webinar sobre sonrisa saludable y salud bucal y dime en qué plataformas de fotos de stock podría encontrarla."

"Redacta un breve texto para mi lista de correo de pacientes para promocionar mi webinar acerca de la importancia del correcto cepillado de dientes, haz notar que soy un profesional con amplia experiencia en el tema."

"Escribe una publicación para Instagram que destaque los beneficios exclusivos de nuestro webinar gratuito sobre salud

bucal. Haz hincapié en lo que los participantes aprenderán y cómo esto puede mejorar su salud dental y calidad de vida."

Estas ideas de prompts te ayudarán a crear una publicación impactante en Instagram que atraiga a tu audiencia y genere interés en tu webinar gratuito sobre salud bucal.

13. Programa de cuidado dental para niños

El cuidado dental infantil es fundamental para asegurar sonrisas saludables a lo largo de la vida. En esta estrategia, exploraremos la creación de un programa de cuidado dental específico para niños en tu clínica dental. Al ofrecer servicios especializados, como exámenes dentales para niños pequeños, selladores dentales y programas de prevención de caries, podrás atraer a padres preocupados por la salud bucal de sus hijos y brindar una atención excepcional desde una edad temprana.

La importancia del cuidado dental infantil

El cuidado dental en la infancia sienta las bases para una salud bucal óptima a lo largo de la vida. Aquí hay razones clave por las cuales enfocarse en el cuidado dental infantil es esencial.

1. Prevención temprana

Detectar y abordar problemas dentales en etapas tempranas puede prevenir complicaciones graves en el futuro. Los exámenes dentales regulares desde una edad temprana son cruciales.

2. Educación y hábitos saludables

El cuidado dental infantil proporciona una oportunidad para educar a los niños sobre la importancia de cepillarse, usar hilo dental y mantener hábitos de cuidado dental saludables.

3. Confianza y comodidad

Al introducir a los niños al entorno dental de manera temprana, se familiarizan y sienten más confianza en las visitas futuras. Esto reduce la ansiedad y el miedo al dentista.

4. Prevenir caries

Los selladores dentales y programas de prevención de caries ayudan a prevenir la formación de caries, protegiendo los dientes primarios y permanentes.

Creando un programa de cuidado dental para niños

1. Exámenes dentales para niños pequeños

Inicia los exámenes dentales desde que los primeros dientes del niño hacen erupción. Esto permite la detección temprana de problemas y la orientación sobre la higiene oral adecuada.

2. Selladores dentales

Los selladores dentales son una capa protectora que se aplica en las superficies de masticación de los molares para prevenir la acumulación de placa y caries.

3. Programas de prevención de caries

Implementa programas de prevención que incluyan educación sobre nutrición, hábitos de higiene oral y flúor para fortalecer los dientes.

4. Atención amigable para niños

Crea un entorno de atención dental amigable para niños, con personal capacitado en el trato infantil y decoración atractiva para los más pequeños.

5. Participación de los padres

Fomenta la participación de los padres en las visitas dentales de sus hijos. Educa a los padres sobre cómo cuidar la salud bucal de sus hijos en casa.

Ideas de prompts de Chat GPT sobre la importancia de la revisión y prevención dental en niños

Para promover la importancia de la revisión y prevención de enfermedades dentales en niños, puedes crear una publicación en tu blog. Aquí hay ideas de prompts para Chat GPT que te ayudarán a redactar esta publicación.

"Escribe un artículo de blog que destaque la importancia de las revisiones dentales tempranas para niños. Explora cómo la detección temprana de problemas dentales puede salvar sonrisas. Al final, sugiere con qué foto podría acompañar este artículo."

"Crea un artículo para mi blog que ofrezca consejos a los padres sobre cómo cuidar de la salud bucal de sus hijos desde el primer diente. Destaca la importancia de cepillarse y usar hilo dental."

"Escribe una entrada de blog que explique en detalle cómo funcionan los selladores dentales y por qué son beneficiosos para la prevención de caries en niños. Proporciona ejemplos de casos exitosos. Al final escribe un llamado a la acción para que se contacten con la clínica para agendar una revisión."

"Crea una publicación de blog que promueva la atención dental temprana y brinde consejos para hacer que las visitas al dentista sean menos estresantes para los niños. Destaca la importancia de un entorno amigable. Finalmente, dame una sugerencia de con qué foto podría acompañar esta publicación."

Estos prompts te ayudarán a crear una publicación en tu blog que informe y eduque a los padres sobre la importancia de la revisión y prevención de enfermedades dentales en niños, lo que puede ser clave para atraer a más familias a tu clínica dental.

14. Programa de atención excepcional al paciente

En el mundo de la atención médica y dental, la atención al paciente va más allá de la habilidad clínica; se trata de brindar una experiencia excepcional. En esta estrategia, exploraremos la importancia de un programa de atención excepcional al paciente en tu clínica dental. Capacitar a tu personal para ofrecer un servicio al cliente excepcional no solo mejora la satisfacción de los pacientes, sino que también puede conducir a recomendaciones y reseñas positivas, lo que es crucial para el crecimiento y éxito continuo de tu práctica dental.

La importancia de la atención al paciente

La atención al paciente no se trata solo de tratar enfermedades dentales, sino de cuidar de la persona en su totalidad. Aquí hay razones clave por las cuales es fundamental.

1. Satisfacción del paciente

Un paciente satisfecho es más propenso a regresar a tu clínica y seguir sus recomendaciones de tratamiento. La atención excepcional fomenta la satisfacción.

2. Recomendaciones y referencias

Los pacientes felices se transforman en embajadores de tu clínica. Cuando experimentan una atención excepcional, es más probable que recomienden tus servicios a amigos y familiares.

3. Reseñas en línea positivas

Las reseñas positivas en línea son valiosas en la era digital. Los pacientes que se sienten valorados y bien atendidos son más propensos a dejar comentarios positivos en sitios de reseñas, como por ejemplo Google Business Profile.

4. Confianza y fidelidad

Una atención excepcional construye confianza. Los pacientes confían en tu experiencia y se vuelven leales a tu clínica dental.

Implementando un programa de atención excepcional al paciente

1. Capacitación del personal

Capacita a tu personal en la importancia de la atención al paciente. Enséñales a escuchar activamente, comunicarse de manera efectiva y tratar a cada paciente con empatía y respeto.

2. Comunicación clara

Fomenta la comunicación clara y efectiva tanto en el trato personal como en la información clínica. Asegúrate de que los pacientes comprendan sus tratamientos y opciones.

3. Personalización del cuidado

Trata a cada paciente de manera individualizada. Comprende sus necesidades y preocupaciones específicas para ofrecer un cuidado personalizado.

4. Tiempo dedicado

Asigna tiempo suficiente para cada cita para evitar que los pacientes se sientan apresurados. La atención personalizada no debe sentirse apresurada.

5. Seguimiento post-tratamiento

Realiza un seguimiento con los pacientes después de los tratamientos para asegurarte de que estén satisfechos y para abordar cualquier inquietud que puedan tener.

Ideas de prompts de Chat GPT para promover una atención amable y amistosa

A continuación, te proporciono algunos ejemplos de prompts para Chat GPT que te ayudarán a tener ideas sobre cómo tratar amable y amistosamente a tus pacientes y mantenerlos informados.

"Escribe un mensaje de bienvenida que se pueda utilizar en la recepción de la clínica para saludar a los pacientes de manera amistosa y hacerlos sentir cómodos desde el principio."

"Proporciona un ejemplo de cómo explicar un procedimiento dental de manera clara y amigable a un paciente que pueda estar ansioso. Destaca la importancia de transmitir tranquilidad."

"Escribe una respuesta para el personal de la clínica dental sobre cómo manejar una situación en la que un paciente tiene preguntas adicionales después de una cita. Muestra empatía y disposición para ayudar."

"Crea un mensaje de seguimiento para Whatsapp que se pueda enviar a los pacientes después de un tratamiento. Pregunta cómo se sienten y si tienen alguna pregunta o inquietud. Ocupa un tono amable y amistoso."

"Ayúdame a redactar un recordatorio amistoso para mi paciente y recordarle que su próxima cita dental es el [día] de [mes] a las [hora] hrs."

Estas ideas de prompts te ayudarán a mantener un enfoque amable y amigable en la atención al paciente y a garantizar que los pacientes se sientan valorados y bien informados en todo momento. La atención excepcional al paciente es una inversión valiosa que beneficia tanto a tu práctica dental como a la salud y satisfacción de los pacientes.

15. Clases de higiene dental

La educación sobre higiene dental es fundamental para el cuidado oral adecuado y la prevención de enfermedades bucales. En esta sección, exploraremos la idea de ofrecer clases de higiene dental gratuitas o a bajo costo en tu clínica dental. Estas clases brindan una oportunidad invaluable para enseñar a los pacientes sobre el cuidado oral adecuado y fomentar la prevención. Además, al final del capítulo, proporcionaremos ideas de prompts para Chat GPT que te ayudarán a crear una publicación en Facebook y promocionar una clase gratuita de higiene oral para toda la familia.

La importancia de la educación en higiene dental

La educación en higiene dental es clave para mantener una sonrisa saludable y prevenir enfermedades bucales. Aquí se presentan algunas razones por las cuales esta educación es esencial.

1. Prevención de enfermedades

El conocimiento sobre cómo cepillarse, usar hilo dental y mantener una dieta equilibrada puede prevenir la formación de caries, enfermedades de las encías y otros problemas dentales.

2. Hábitos saludables

La educación promueve la adopción de hábitos saludables de cuidado oral desde una edad temprana, lo que puede tener un impacto positivo a lo largo de la vida.

3. Concientización

Los pacientes deben comprender la importancia de las visitas regulares al dentista y cómo mantener su salud bucal entre las citas.

4. Reducción del miedo al dentista

La educación también puede ayudar a reducir el miedo o la ansiedad relacionada con las visitas al dentista, ya que los pacientes saben qué es lo que pueden esperar.

Ofreciendo clases de higiene dental

1. Tema y contenido

Diseña clases que aborden temas relevantes, como técnicas de cepillado, uso correcto del hilo dental, elección de productos de cuidado oral y la relación entre la dieta y la salud bucal.

2. Duración y formato

Considera la duración de las clases y el formato más adecuado. Las clases en vivo en línea, como las que se realizan en YouTube o Instagram Live, son efectivas para llegar a un público amplio.

3. Recursos visuales

Utiliza recursos visuales, como gráficos y demostraciones prácticas, para hacer que las clases sean informativas y atractivas.

4. Interacción

Fomenta la interacción con los participantes, respondiendo a preguntas y alentando la participación activa.

5. Materiales y muestras

Proporciona materiales de muestra, como cepillos de dientes e hilo dental, para que los participantes practiquen las técnicas aprendidas.

Ideas de prompts para Chat GPT para promocionar clases de higiene oral

A continuación, te proporciono ideas de prompts para Chat GPT que te ayudarán a crear una publicación en Facebook y promocionar una clase gratuita de higiene oral para toda la familia que se llevará a cabo en vivo por YouTube.

"Escribe una publicación de Facebook que anuncie nuestra emocionante clase de higiene oral para toda la familia a realizarse el [día] del [mes] a las [hora] hrs. Destaca la importancia de mantener sonrisas saludables."

"Crea una descripción para la publicación de Facebook que detalle los temas que se tratarán en nuestra clase de higiene oral, como técnicas de cepillado y consejos para una sonrisa radiante."

"Crea un guión para un live de 30 minutos en Youtube donde explicaré la importancia de la higiene bucal y el correcto cepillado de dientes, puedes poner interludios para que los espectadores realicen preguntas."

"Redacta una publicación para Facebook, donde explique que realizaré una sesión en vivo el [día] del [mes] a las [hora] hrs, acerca del correcto cepillado de dientes y su importancia para el cuidado bucal. Explica que los interesados deben estar suscritos al canal, ya que realizaré un sorteo de un kit de limpieza dental a los espectadores que se queden hasta el final."

"Crea un texto promocionando mi clase gratuita del correcto cepillado dental, haciendo énfasis en la importancia para prevenir enfermedades dentales futuras. También destaca que es para toda la familia."

Estas ideas de prompts te ayudarán a promocionar de manera efectiva tu clase gratuita de higiene oral en Facebook, lo que puede atraer a una audiencia interesada en mantener sonrisas saludables y aprender técnicas de cuidado oral adecuadas.

16. Actualizaciones tecnológicas visibles

En el mundo de la odontología, la tecnología avanza a un ritmo impresionante, y mantenerse al día con las últimas innovaciones es esencial para ofrecer un cuidado de calidad. En esta sección, exploraremos la importancia de destacar las tecnologías dentales de vanguardia que utilizas en tu clínica dental. Mostrar tu compromiso con la excelencia en la atención es fundamental para atraer y retener a los pacientes. A lo largo de este capítulo, destacaremos cómo las actualizaciones tecnológicas visibles pueden marcar la diferencia en el crecimiento de tu clínica dental.

Tecnología avanzada en la odontología

La tecnología ha revolucionado la odontología de muchas maneras. Aquí te presentamos algunas de las tecnologías de vanguardia que puedes destacar en tu clínica dental.

1. Radiografía digital

Las radiografías digitales son más rápidas, eficientes y reducen la exposición a la radiación. Puedes resaltar cómo esta tecnología mejora la precisión de los diagnósticos.

2. Odontología láser

El uso de láser en procedimientos dentales permite tratamientos menos invasivos y una recuperación más rápida. Los pacientes valorarán la comodidad y la eficacia de esta tecnología.

3. Escáneres intraorales

Los escáneres intraorales eliminan la necesidad de moldes de impresión incómodos, lo que hace que los procedimientos sean más cómodos para los pacientes.

4. Sistemas de registro electrónico de salud

La gestión electrónica de registros de salud agiliza la administración y el acceso a información clínica importante.

5. Sedación consciente

Explora cómo la tecnología de sedación consciente garantiza una experiencia sin dolor y menos ansiedad durante los procedimientos.

Ventajas de destacar la Tecnología Dental

1. Confianza del paciente

Los pacientes asocian la tecnología avanzada con la excelencia en la atención. Al destacar tu tecnología, generas confianza en tus capacidades clínicas.

2. Precisión y eficacia

La tecnología permite procedimientos más precisos y eficaces, lo que se traduce en resultados de alta calidad y menor tiempo de recuperación.

3. Comodidad del paciente

La mayoría de las tecnologías avanzadas son menos invasivas y reducen la incomodidad del paciente durante los tratamientos.

4. Diferenciación de la competencia

Destacar la tecnología te diferencia de la competencia y te posiciona como una clínica dental líder en innovación.

Ideas de prompts para Chat GPT de cómo puedes hacer visible tu tecnología dental

A continuación, te proporciono alternativas de prompts para Chat GPT que te ayudarán a saber cómo puedes hacer visible las cualidades técnicas y tecnológicas de tu clínica dental.

"Escribe una descripción breve de cómo la radiografía digital mejora la experiencia del paciente en nuestra clínica. Destaca la velocidad y precisión."

"Crea un mensaje que explique cómo la odontología láser ha transformado la forma en que realizamos procedimientos dentales. Destaca los beneficios para el paciente."

"Dame ideas de cómo puedo hacer visible la tecnología que posee

mi clínica dental y cómo puedo sacar partido de ello."

"Escribe un mensaje que destaque cómo la gestión electrónica de registros de salud simplifica la administración y mejora el acceso a la información del paciente."

"Crea una publicación que explique cómo nuestra tecnología de sedación consciente garantiza una experiencia sin dolor y menos ansiedad para nuestros pacientes durante los procedimientos."

Estos prompts te ayudarán a comunicar de manera efectiva las ventajas de la tecnología dental en tu clínica y mostrar tu compromiso con la excelencia en la atención. Destacar estas actualizaciones tecnológicas visibles puede atraer a pacientes que buscan una atención avanzada y de alta calidad en el cuidado dental.

17. Programas de financiamiento flexible

En el ámbito de la odontología, el acceso a tratamientos de calidad es esencial para mantener una salud bucal óptima. Sin embargo, los tratamientos dentales a menudo pueden ser costosos, lo que puede disuadir a los pacientes de obtener la atención que necesitan. En esta sección, exploraremos la importancia de ofrecer programas de financiamiento flexible en tu clínica dental. Estos programas, como los planes de pago a plazos o el financiamiento sin intereses, hacen que los tratamientos costosos sean más asequibles y accesibles para los pacientes. A lo largo de este capítulo, analizaremos cómo implementar con éxito un plan de financiamiento flexible en tu clínica dental.

La importancia del acceso a la atención dental

El acceso a la atención dental adecuada es fundamental para mantener una buena salud bucal y prevenir problemas graves. A continuación verás las razones clave por las cuales el acceso es esencial.

1. Prevención de problemas graves

La atención dental regular ayuda a prevenir problemas graves como caries, enfermedades de las encías y pérdida de dientes, lo que ahorra dinero a largo plazo.

2. Mejora de la calidad de vida

Una sonrisa saludable contribuye a la autoestima y la confianza de una persona, lo que mejora su calidad de vida en general.

3. Reducción de dolor y malestar

Acceder a atención dental a tiempo significa que los pacientes pueden abordar el dolor y el malestar de manera efectiva y evitar que empeore.

Beneficios de los programas de financiamiento flexible

1. Accesibilidad

Los programas de financiamiento flexible hacen que los tratamientos dentales sean accesibles para una gama más amplia de pacientes, independientemente de sus recursos financieros.

2. Tratamiento oportuno

Los pacientes pueden recibir el tratamiento que necesitan de inmediato, en lugar de posponerlo debido a preocupaciones financieras.

3. Lealtad del paciente

Ofrecer opciones de financiamiento demuestra preocupación por el bienestar de los pacientes, lo que fomenta la lealtad y la satisfacción del paciente.

4. Crecimiento de la práctica

Al eliminar las barreras financieras, puedes atraer a más pacientes y aumentar el crecimiento de tu práctica dental.

Implementando programas de financiamiento flexible

1. Evaluación de las necesidades del paciente

Comienza por comprender las necesidades financieras de tus pacientes y ofrece opciones que se ajusten a sus circunstancias.

2. Comunicación clara

Explica claramente las opciones de financiamiento a los pacientes, incluyendo los términos y condiciones. La transparencia es clave.

3. Asociaciones con Financieras

Considera asociarte con instituciones financieras que ofrecen programas de financiamiento. Esto simplifica el proceso para los pacientes.

4. Promoción de los programas

Promociona activamente tus programas de financiamiento flexible a través de tu sitio web y redes sociales.

5. Entrenamiento del personal

Capacita a tu personal para que pueda responder preguntas de los pacientes y ayudar en el proceso de solicitud.

Ideas de prompts de Chat GPT para implementar un plan de financiamiento flexible

A continuación, te proporciono alternativas de prompts para Chat GPT que te ayudarán a obtener ideas sobre cómo implementar un plan de financiamiento flexible para tu clínica dental:

"Proporciona ideas sobre cómo diseñar un plan de pago a plazos que sea atractivo para los pacientes y fácil de administrar para la clínica. Considera la duración y las tasas de interés."

"Sugiere estrategias para comunicar efectivamente los programas de financiamiento flexible a los pacientes. ¿Qué mensajes clave deben transmitirse?"

"Escribe una lista de pasos para establecer asociaciones con instituciones financieras que ofrezcan financiamiento dental. ¿Cómo se puede negociar un acuerdo beneficioso?"

"Proporciona ideas creativas para promocionar los programas

de financiamiento en las redes sociales. ¿Qué tipos de contenido funcionan mejor?"

"Describe cómo capacitar al personal de la clínica para abordar las preguntas y preocupaciones de los pacientes sobre los programas de financiamiento. ¿Cuál es la importancia de la empatía en estas interacciones?"

Estos prompts te ayudarán a obtener ideas valiosas sobre cómo implementar con éxito un plan de financiamiento flexible en tu clínica dental. Al hacer que los tratamientos sean más asequibles y accesibles, estás brindando a tus pacientes la oportunidad de mantener una buena salud bucal sin preocupaciones financieras.

18. Programa de recordatorios y seguimiento

La consistencia en la atención dental es esencial para mantener una salud bucal óptima, pero los pacientes a menudo se olvidan de las citas o descuidan el seguimiento de sus tratamientos. En este capítulo, exploraremos la importancia de implementar un programa de recordatorios y seguimiento en tu clínica dental. Estos sistemas automatizados para citas y seguimiento ayudan a mantener a los pacientes comprometidos y regresando a la clínica regularmente. A lo largo de esta sección, examinaremos cómo puedes implementar con éxito un plan de recordatorios y seguimiento de pacientes.

La necesidad del seguimiento de pacientes

El seguimiento de pacientes es fundamental para garantizar que reciban la atención continua que necesitan. Aquí hay razones clave por las cuales el seguimiento es esencial:

1. Cumplimiento de tratamiento

Los pacientes a menudo no siguen completamente los planes de tratamiento. El seguimiento ayuda a garantizar que completen sus procedimientos.

2. Prevención y detección temprana

El seguimiento regular permite la detección temprana de problemas dentales y su tratamiento oportuno, lo que evita complicaciones.

3. Construcción de relaciones

El seguimiento demuestra el interés continuo en el bienestar del paciente, lo que fortalece la relación médico-paciente.

4. Aumento de la retención de pacientes

Los pacientes que reciben recordatorios y seguimiento son más propensos a regresar y continuar su atención en la misma clínica.

Beneficios de un programa de recordatorios y seguimiento

1. Mayor cumplimiento de citas

Los recordatorios automáticos reducen las tasas de cancelación de citas y ayudan a mantener horarios más completos.

2. Mejora la comunicación

Los pacientes se sienten valorados cuando reciben recordatorios y seguimiento personalizado, lo que mejora la comunicación entre la clínica y el paciente.

3. Prevención de problemas

El seguimiento regular permite la identificación temprana de problemas dentales, lo que puede prevenir la progresión de enfermedades bucales.

4. Mejora la retención de pacientes

Los pacientes que experimentan un seguimiento activo son más propensos a permanecer con la misma clínica durante años.

Implementando un programa de recordatorios y seguimiento

1. Elección de la tecnología adecuada

Selecciona un sistema de software de gestión de práctica dental que ofrezca funciones de recordatorio y seguimiento automatizado.

2. Personalización de mensajes

Personaliza los mensajes de recordatorio para adaptarse a las necesidades y preferencias de los pacientes.

3. Calendarios automatizados

Utiliza calendarios automatizados para programar recordatorios de citas y seguimiento de tratamientos.

4. Entrenamiento del personal

Capacita al personal de la clínica para utilizar el sistema y responder a preguntas de los pacientes sobre los recordatorios.

5. Evaluación continua

Realiza un seguimiento y una evaluación continua del programa para asegurarte de que esté funcionando eficazmente.

Ideas de prompts de Chat GPT para implementar un plan de recordatorios y seguimiento

A continuación, te proporciono algunas alternativas de prompts para Chat GPT que te ayudarán a obtener ideas sobre cómo implementar un plan de recordatorios y seguimiento de pacientes para tu clínica dental.

"Proporciona sugerencias sobre cómo personalizar mensajes de recordatorio para diferentes tipos de citas dentales, como exámenes de rutina y procedimientos más complejos."

"Escribe un plan detallado para implementar un sistema de seguimiento de pacientes, desde la elección de software hasta la capacitación del personal."

"Proporciona ejemplos de cómo comunicar a los pacientes la importancia del seguimiento regular y cómo esto beneficia su salud bucal."

"Describe cómo el personal de la clínica puede abordar preguntas de los pacientes sobre los recordatorios y proporcionar

asistencia para programar citas."

Al mantener a los pacientes comprometidos y asegurarte de que reciban la atención necesaria, estás contribuyendo a su salud bucal a largo plazo.

19 Servicios de Urgencia

Los problemas dentales pueden surgir en cualquier momento, y cuando lo hacen, los pacientes necesitan atención inmediata y confiable. En esta estrategia, exploraremos la importancia de promocionar la capacidad de tu clínica dental para atender emergencias dentales. Asegurarte de que los pacientes sepan que pueden acudir a tu clínica en momentos de necesidad no solo es un servicio valioso, sino que también puede marcar la diferencia en la salud bucal y la satisfacción del paciente. A lo largo de esta sección, revisaremos cómo implementar con éxito servicios de urgencia en tu clínica dental.

La importancia de los servicios de urgencia

Las emergencias dentales pueden ser angustiosas y dolorosas para los pacientes. Proporcionar atención inmediata no solo alivia el sufrimiento del paciente, sino que también puede prevenir complicaciones graves. Estas son las razones clave por las cuales los servicios de urgencia son esenciales.

1. Alivio del dolor

Las emergencias dentales a menudo van acompañadas de dolor intenso. Brindar alivio rápido es fundamental para la comodidad del paciente.

2. Prevención de complicaciones

El tratamiento oportuno de emergencias dentales puede prevenir la propagación de infecciones o la pérdida irreversible de dientes.

3. Satisfacción del paciente

La capacidad de tu clínica para responder rápidamente a las emergencias demuestra cuidado y preocupación por el bienestar del paciente.

4. Fidelización de pacientes

Los pacientes que reciben atención en momentos de necesidad son más propensos a permanecer leales a tu clínica.

Beneficios de promocionar servicios de urgencia

1. Accesibilidad

Los pacientes deben saber que pueden acudir a tu clínica para recibir atención de emergencia, lo que aumenta la accesibilidad de tu práctica.

2. Confianza del paciente

La promoción de servicios de urgencia genera confianza en tus capacidades clínicas y en la disponibilidad de tu clínica para ayudar en momentos críticos.

3. Atención preventiva

Los pacientes que acuden a tu clínica en casos de emergencia pueden ser alentados a buscar atención preventiva regular.

4. Diferenciación de la competencia

Promocionar servicios de urgencia te diferencia de la competencia y te posiciona como una clínica que valora la atención inmediata al paciente.

Implementando Servicios de Urgencia

1. Comunicación clara

Asegúrate de que los pacientes conozcan los procedimientos para acceder a servicios de urgencia y cómo contactar a tu clínica fuera del horario regular.

2. Personal preparado

Entrena a tu personal para manejar situaciones de emergencia y para proporcionar atención eficaz y compasiva.

3. Equipamiento especializado

Asegúrate de que tu clínica esté equipada con los instrumentos y suministros necesarios para tratar emergencias dentales.

4. Horario extendido

Considera la posibilidad de ofrecer horarios extendidos o servicios de urgencia fuera del horario habitual de atención.

5. Promoción activa

Promociona activamente tus servicios de urgencia a través de tu sitio web y redes sociales.

Ideas de prompts de Chat GPT para implementar servicios de urgencia

A continuación, te proporciono algunas alternativas de prompts para Chat GPT que te ayudarán a obtener ideas sobre cómo implementar servicios de urgencia en una clínica dental.

"Proporciona sugerencias sobre cómo capacitar al personal para manejar emergencias dentales y brindar atención compasiva en momentos críticos."

"Escribe un plan detallado para promocionar los servicios de urgencia en las redes sociales y atraer a pacientes que puedan necesitar atención inmediata."

"Sugiere estrategias para garantizar que tu clínica esté siempre bien equipada para tratar emergencias dentales, incluyendo la compra de suministros y equipos necesarios."

"Proporciona ejemplos de cómo comunicar a los pacientes cómo acceder a servicios de urgencia y qué esperar cuando lleguen a la clínica."

Implementar servicios de urgencia en tu clínica dental no solo beneficia a tus pacientes en momentos críticos, sino que también fortalece la reputación y la confianza en tu práctica. Con la preparación adecuada y la promoción activa, puedes convertirte en un recurso confiable para la atención dental de emergencia en tu comunidad.

20. Sesiones de preguntas y respuestas en vivo

Las sesiones de preguntas y respuestas en vivo se han convertido en una herramienta invaluable para interactuar con la audiencia en tiempo real y ofrecer información relevante de manera directa. En esta estrategia, exploraremos cómo organizar sesiones web interactivas donde los dentistas respondan a preguntas de los espectadores sobre salud dental, procedimientos y cuidado en el hogar. Estas sesiones no solo educan a la comunidad, sino que también fortalecen la conexión con los pacientes. A lo largo de este capítulo, discutiremos cómo planificar y ejecutar con éxito sesiones de preguntas y respuestas en vivo en tu clínica dental.

La importancia de las sesiones de preguntas y respuestas en vivo

Las sesiones de preguntas y respuestas en vivo ofrecen una oportunidad única para:

1. Educación interactiva

Los espectadores pueden hacer preguntas en tiempo real y obtener respuestas directas de profesionales de la salud dental.

2. Construcción de confianza

La interacción en vivo demuestra transparencia y experticia, lo que fortalece la confianza de los pacientes en tu clínica.

3. Conexión con la comunidad

Estas sesiones fomentan una comunidad en línea de pacientes informados y comprometidos.

4. Promoción de la clínica

Son una oportunidad para destacar tus servicios y conocimientos y te destacan como una fuente de autoridad en la materia.

Beneficios de las sesiones de preguntas y respuestas en vivo

1. Compromiso de la audiencia

Las sesiones en vivo atraen la atención de la audiencia y la mantienen comprometida durante la transmisión.

2. Interacción directa

Los espectadores pueden hacer preguntas específicas y recibir respuestas personalizadas.

3. Generación de contenido

Las sesiones en vivo pueden grabarse y utilizarse como contenido en tu sitio web y redes sociales.

4. Fidelización de pacientes

Los pacientes satisfechos que participan en sesiones en vivo son más propensos a seguir siendo pacientes leales.

Planificación de sesiones de preguntas y respuestas en vivo

1. Tema y objetivos claros

Selecciona un tema relevante y establece objetivos claros para la sesión.

2. Invitados especiales

Considera invitar a otros profesionales de la salud dental para aportar diferentes perspectivas.

3. Promoción activa

Anuncia la sesión con anticipación en tus redes sociales, sitio web y correo electrónico. También puedes ir enviando mensajes o publicaciones recordando los días que faltan para la sesión.

4. Plataforma y tecnología

Elige una plataforma de transmisión en vivo confiable y familiarízate con su funcionamiento.

5. Interacción en vivo

Alienta a la audiencia a hacer preguntas y responde de manera interactiva. Otra estrategia es solicitar preguntas con anterioridad o buscar en sitios relacionados las dudas y preguntas frecuentes.

Ideas de prompts de Chat GPT para planificar sesiones de preguntas y respuestas en vivo

A continuación, te proporciono alternativas de prompts para Chat GPT que te ayudarán a obtener ideas sobre cómo planificar e implementar sesiones de preguntas y respuestas en vivo.

"Dame algunos consejos sobre cómo seleccionar temas atractivos y relevantes para sesiones de preguntas y respuestas en vivo en una clínica dental."

"Escribe un guión sugerido para la promoción de una sesión en vivo en redes sociales y cómo mantener a la audiencia comprometida y atenta durante la transmisión."

"Sugiere estrategias para involucrar a invitados especiales, como especialistas en odontología, en sesiones en vivo para ofrecer información adicional a mis pacientes."

"Proporciona ejemplos de cómo utilizar las grabaciones de sesiones en vivo como contenido de marketing en el sitio web de la clínica."

"Describe cómo gestionar las preguntas y respuestas en vivo de manera efectiva y cómo mantener una atmósfera positiva y educativa."

Las sesiones de preguntas y respuestas en vivo son una herramienta poderosa para educar a la audiencia, fomentar la confianza y fortalecer la comunidad en línea. Con una planificación adecuada y la promoción activa, puedes aprovechar al máximo esta estrategia para tu clínica dental.

21. Descuentos para grupos familiares

Ofrecer descuentos especiales para grupos familiares es una estrategia inteligente para fomentar la atención dental de toda la familia. En esta sección exploraremos cómo puedes implementar un sistema de descuentos para grupos familiares en tu clínica dental. Esto no solo promueve la salud bucal de múltiples generaciones, sino que también puede ser beneficioso para tu práctica. A lo largo de esta sección te mostraré cómo planificar y ejecutar con éxito esta estrategia.

Importancia de los descuentos para grupos familiares

La atención dental es fundamental para personas de todas las edades, y promover la atención familiar tiene varios beneficios:

1. Fomento de hábitos saludables

Cuando los miembros de una familia reciben atención todos juntos, se fomentan hábitos saludables y se crea una cultura de cuidado bucal en el hogar.

2. Comodidad para los padres

Ofrecer descuentos a familias hace que sea más conveniente para los padres programar citas dentales para ellos y sus hijos.

3. Ahorro para las familias

Los descuentos alivian la carga financiera para las familias, lo que las motiva a mantenerse al día con su atención dental.

4. Fidelización de pacientes

Las familias satisfechas son más propensas a seguir siendo pacientes leales a largo plazo.

Beneficios de los descuentos para grupos familiares

1. Atracción de Nuevos Pacientes

Los descuentos familiares pueden atraer a nuevas familias a tu clínica.

2. Aumento en la Retención de Pacientes

Las familias que reciben descuentos son más propensas a seguir siendo pacientes regulares.

3. Generación de Recomendaciones

Los pacientes satisfechos con descuentos son propensos a recomendar tu clínica a otras familias.

4. Fomento de Relaciones a Largo Plazo

El cuidado dental es una necesidad continua, lo que puede resultar en relaciones a largo plazo con las familias.

Implementación de descuentos para grupos familiares

1. Determina la estructura de descuentos

Decide qué tipo de descuentos ofrecerás, ya sea en servicios específicos o en el costo total del tratamiento.

2. Comunicación clara

Asegúrate de que los pacientes conozcan los descuentos y cómo pueden aprovecharlos.

3. Promoción activa

Promociona los descuentos en tu sitio web y redes sociales.

4. Facilita la programación

Hacer que la programación de citas para toda la familia sea fácil y conveniente.

5. Capacita a tu personal

El personal debe estar preparado para responder preguntas y explicar los descuentos.

Ideas de prompts de Chat GPT para implementar descuentos en grupos familiares

A continuación, te proporciono algunas alternativas de prompts para Chat GPT que te ayudarán a obtener ideas sobre cómo implementar un sistema de descuentos para grupos familiares en una clínica dental:

"Sugiere estrategias efectivas para promocionar descuentos familiares para mi clínica dental en mi sitio web y redes sociales."

"Proporciona ejemplos de cómo estructurar descuentos para grupos familiares que sean atractivos y financieramente viables para mi clínica dental."

"Describe cómo puedo utilizar el correo electrónico para comunicar descuentos a las familias que se han atendido en mi clínica dental y alentarlos a programar citas."

"Proporciona ideas sobre cómo capacitar mi personal para que puedan explicar los descuentos de mi clínica dental de manera

efectiva a las familias interesadas."

"Sugiere formas de hacer que la experiencia de las familias en mi clínica dental sea excepcional, para así aumentar la satisfacción y la retención de mis pacientes."

Ofrecer descuentos para grupos familiares es una estrategia que beneficia tanto a las familias como a tu clínica dental. Al hacer que la atención dental sea más accesible y asequible, puedes jugar un papel fundamental en el cuidado bucal de toda la familia, al tiempo que fortaleces la base de pacientes de tu práctica.

22. Servicios de Teledentistry

La teledentistry (tele odontología) se ha convertido en una herramienta esencial para hacer que la atención dental sea más accesible y conveniente para los pacientes. En esta estrategia, exploraremos cómo puedes implementar servicios de teledentistry en tu clínica dental. Esta innovadora modalidad de atención no solo beneficia a los pacientes, sino que también puede mejorar la eficiencia y la rentabilidad de tu práctica. A lo largo de este capítulo, discutiremos cómo planificar y ejecutar con éxito servicios de teledentistry.

La importancia de la Teledentistry

La teledentistry ofrece una serie de ventajas tanto para los pacientes como para los profesionales de la salud dental.

1. Accesibilidad

Permite a los pacientes recibir atención dental sin importar su ubicación geográfica, lo que aumenta la accesibilidad a la atención.

2. Conveniencia

Facilita la programación de citas y el seguimiento de tratamientos, lo que se traduce en una experiencia más conveniente para los pacientes.

3. Reducción de Barreras

Elimina las barreras tradicionales, como la distancia o la movilidad reducida, que podrían impedir a algunos pacientes buscar atención dental.

4. Eficiencia Clínica

Puede mejorar la eficiencia en la clínica al reducir la necesidad de visitas presenciales para consultas menores.

Beneficios de la Teledentistry

1. Atracción de nuevos pacientes

Ofrecer teledentistry puede atraer a pacientes que buscan comodidad y flexibilidad en la atención.

2. Mayor retención de pacientes

Los pacientes que pueden acceder a servicios de teledentistry son más propensos a seguir siendo pacientes leales.

3. Ampliación de mercado

Puedes atender a pacientes que antes estaban fuera de tu alcance geográfico.

4. Eficiencia operativa

La teledentistry puede aumentar la eficiencia clínica y reducir los tiempos de espera.

Implementación de servicios de Teledentistry

1. Plataforma de Teledentistry

Elige una plataforma de teledentistry confiable que cumpla con los requisitos de seguridad y privacidad.

2. Educación del personal

Capacita a tu personal para utilizar la tecnología y brindar atención de calidad a través de la teledentistry.

3. Promoción activa

Anuncia la disponibilidad de servicios de teledentistry en tu sitio web y redes sociales.

4. Información para pacientes

Proporciona a los pacientes información clara sobre cómo acceder y utilizar los servicios de teledentistry.

5. Seguridad y cumplimiento normativo

Asegúrate de cumplir con todas las regulaciones de privacidad y seguridad de datos al ofrecer servicios de teledentistry.

Plataformas de Teledentistry

Doxy.me

Doxy.me es una plataforma de telesalud diseñada específicamente para profesionales de la salud. Ofrece funcionalidades de videoconferencia segura y cifrada, además de opciones para programar citas y mantener registros de pacientes.

Dentulu

Dentulu es una plataforma centrada en la teledentistry que permite a los dentistas realizar consultas virtuales, compartir imágenes y brindar consejos de atención dental. También incluye características de programación y facturación.

Denteractive

Denteractive es una plataforma de teledentistry que conecta a los pacientes con dentistas en tiempo real. Ofrece videoconsultas, seguimiento de pacientes y una aplicación móvil para facilitar la comunicación.

Zoom for Healthcare

Zoom es una plataforma de videoconferencia ampliamente utilizada que ofrece una versión específica para atención médica. Puede ser una opción para consultas virtuales, siempre que se implementen medidas de seguridad adecuadas.

VSee

VSee es una plataforma de telesalud que proporciona servicios de videoconferencia segura, intercambio de documentos y colaboración en línea. Es utilizado por profesionales de la salud en una variedad de campos.

Doximity Dialer Video

Doximity es una red social para profesionales de la salud que ofrece una función de videoconferencia llamada "Doximity Dialer Video". Es una opción para la teledentistry, especialmente si ya eres miembro de la red.

Luma Health

Luma Health es una plataforma de comunicación centrada en la atención médica que incluye funciones de teledentistry. Permite a los dentistas programar citas virtuales y comunicarse con los pacientes de manera eficiente.

Hippo Health

Hippo Health ofrece servicios de teledentistry a través de su plataforma de telemedicina. Facilita la comunicación con los pacientes y permite el seguimiento de casos.

Teladoc Health

Teladoc Health es una plataforma de atención médica en línea que incluye servicios de teledentistry. Es una opción para aquellos que desean una solución integral para la atención virtual.

Chiron Health

Chiron Health se enfoca en la teledentistry y ofrece herramientas de videoconferencia y programación. También se integra con sistemas de gestión de consultas para una experiencia más completa.

Antes de elegir una plataforma, considera tus necesidades específicas, la seguridad de la información del paciente y la facilidad de uso. Además, asegúrate de cumplir con las regulaciones locales y nacionales en materia de telesalud y privacidad de datos.

Ideas de prompts de Chat GPT para implementar servicios de Teledentistry

A continuación, te proporciono alternativas de prompts para Chat GPT que te ayudarán a obtener ideas sobre cómo implementar un servicio de teledentistry efectivo en tu clínica dental.

"Sugiere estrategias para promover servicios de teledentistry entre pacientes actuales y potenciales, resaltando sus ventajas."

"Proporciona ejemplos de cómo llevar a cabo una consulta inicial exitosa a través de la teledentistry, incluyendo el registro de historias clínicas y exámenes virtuales."

"Describe cómo manejar los desafíos de la teledentistry, como la falta de contacto físico, para garantizar una atención dental completa y efectiva."

"Sugiere formas de mantener la confidencialidad y la seguridad de los datos del paciente en las consultas de teledentistry."

"Proporciona ejemplos de casos en los que la teledentistry puede ser especialmente beneficiosa, como consultas de emergencia o seguimiento de ortodoncia."

La teledentistry está transformando la atención dental al hacer que sea más accesible y conveniente para los pacientes. Al implementar adecuadamente esta modalidad de atención, puedes mejorar la experiencia del paciente y fortalecer la posición de tu clínica en el mercado dental actual.

Despedida

En el transcurso de este libro, hemos explorado un mundo fascinante donde la odontología y el marketing convergen para impulsar el éxito de las clínicas dentales. Hemos recorrido un viaje que nos ha llevado desde los fundamentos del marketing dental hasta las estrategias más avanzadas, aprovechando incluso la inteligencia artificial para ayudarnos a descubrir nuevas estrategias y mejorar la atención y la relación con nuestros pacientes.

A lo largo de estas páginas, has descubierto cómo atraer a nuevos pacientes, retener a los existentes y fomentar relaciones sólidas con la comunidad. Hemos explorado estrategias en el mundo digital, como el marketing en redes sociales, el marketing de contenidos y la publicidad en línea. También hemos abordado aspectos esenciales de la atención al paciente, como la excelencia en el servicio y la atención personalizada.

La teledentistry y la automatización se han presentado como herramientas revolucionarias que pueden llevar la atención dental a un nivel completamente nuevo. Además, hemos comprendido la importancia de la educación continua y la adaptación a las tendencias cambiantes en la industria.

A medida que cierras este libro, te animo a que reflexiones sobre las estrategias que más resuenan contigo y tu clínica dental. Cada una de estas estrategias es una pieza del rompecabezas que puede ayudarte a alcanzar tus metas y a ofrecer una atención dental excepcional.

Recuerda que el marketing dental no es solo una cuestión de publicidad, sino una forma de construir relaciones sólidas y duraderas con tus pacientes. Con un enfoque constante en la calidad de la atención y el compromiso con la excelencia, estás preparado para llevar tu clínica dental hacia un futuro brillante y exitoso.

Aprovecha estas estrategias, adapta y personaliza tu enfoque según las necesidades de tu clínica y, sobre todo, continúa aprendiendo y creciendo en este emocionante campo de la odontología y el marketing.

¡Que tu clínica dental siga creciendo y prosperando, y que tus pacientes disfruten de sonrisas saludables de por vida!

¡Potencia tu Clínica Dental!

Si el contenido de este libro te pareció interesante y estás buscando una manera efectiva de llevar tu clínica dental al éxito…

¡Estamos aquí para ayudarte!

En el competitivo mundo de la odontología, la clave para el éxito radica en una estrategia de marketing sólida y efectiva. Sabemos que cada sonrisa es única, al igual que cada clínica dental.

Imagina tu clínica dental con un flujo constante de nuevos pacientes, pacientes que llegan gracias a estrategias de marketing efectivas que realmente funcionan. Imagínate liberando tiempo para concentrarte en lo que más importa: brindar atención dental excepcional.

Nuestro equipo de expertos en marketing dental está listo para trabajar codo a codo contigo. No se trata solo de obtener más pacientes, sino de obtener los pacientes adecuados, aquellos que valoran la calidad de tu atención y se convierten en pacientes fieles a largo plazo.

¿Qué puedes esperar al trabajar con nosotros?

Estrategias de marketing personalizadas: Diseñamos estrategias específicas para su clínica dental, teniendo en cuenta tu ubicación, público objetivo y metas a largo plazo.

Aumento constante de pacientes: Nuestras estrategias están diseñadas para brindar resultados sostenibles, no solo un impulso temporal.

Atención personalizada: No somos una solución genérica. Nos enfocamos en tus necesidades únicas y adaptamos nuestras estrategias en consecuencia.

¿Estás listo para transformar tu clínica dental y atraer nuevos pacientes constantemente?

Ponte en contacto con nosotros hoy mismo a través de WhatsApp y da el primer paso hacia un futuro más exitoso para tu clínica dental. Juntos, haremos que tus objetivos se conviertan en sonrisas saludables y pacientes satisfechos.

¡Comencemos a trabajar juntos para hacer crecer tu clínica dental!

Atentamente

Claudio Montes

https://mktdent.adgency.biz/